Testen Sie Ihr Wissen:
1. Das Gesundheitswesen ist zu teuer und wird immer noch teurer.
2. Deutschland ist als Industriestandort unattraktiv wegen der hohen Lohnnebenkosten, also auch der Kosten für die gesetzliche Krankenversicherung.
3. Das Gesundheitssystem provoziert massenhaften Mißbrauch.
4. Die Altersstruktur bedroht das System zusätzlich durch wachsende Krankheitskosten.
5. Das Gesundheitswesen kann nur durch mehr Eigenverantwortung genesen.

Fünfmal mit »ja« geantwortet? Glückwunsch – alle fünf falsch!

Diese fünf Feststellungen, die seit Jahren die Debatte um unser Gesundheitssystem prägen, erweisen sich, stellt man sie einmal auf den Prüfstand, mit verblüffender Deutlichkeit als Mythen, als Irrtümer, als vorsätzliche Fehlinformationen.

Die drei Autoren, ausgewiesene Fachleute, setzen diesen Mythen klare Fakten entgegen und liefern damit unerläßliches Material für alle, die sich aus politischen oder beruflichen Gründen an der Diskussion um das Gesundheitssystem beteiligen.

Bernard Braun arbeitet am Zentrum für Sozialpolitik der Universität Bremen; *Hagen Kühn* ist am Wissenschaftszentrum Berlin für Sozialforschung beschäftigt; *Hartmut Reiners* ist im Sozialministerium des Landes Brandenburg tätig.

Bernard Braun / Hagen Kühn / Hartmut Reiners

Das Märchen von der Kostenexplosion

Populäre Irrtümer zur Gesundheitspolitik

Fischer
Taschenbuch
Verlag

Lektorat: Oliver Thomas Domzalski

2. Auflage: November 1998

Originalausgabe
Redaktion: Karen Fuchs
Veröffentlicht im Fischer Taschenbuch Verlag GmbH,
Frankfurt am Main, Juni 1998

© 1998 Fischer Taschenbuch Verlag GmbH, Frankfurt am Main
Gesamtherstellung: Clausen & Bosse, Leck
Printed in Germany
ISBN 3-596-14093-5

Inhaltsverzeichnis

Vorwort

Die Idee, sich kritisch und empirisch fundiert mit den zahlreichen Märchen, Stereotypen und Legenden auseinanderzusetzen, die die Diskussion über Gesundheitswesen und -politik beeinflussen und verzerren, war der zentrale Anstoß für eine Fachtagung im Mai 1997. In Bremen trafen sich 18 Experten für das Gesundheitssystem und rund 60 TeilnehmerInnen aus Gesundheitswissenschaft und -politik sowie Vertreter von Sozialversicherungsträgern. Diese Tagung wurde vom Wissenschaftszentrum Berlin, Arbeitsgruppe Public Health (WZB), und vom Zentrum der Sozialpolitik der Universität Bremen (ZeS) veranstaltet. Referate wie Diskussionen waren so ertragreich, daß alle Beteiligten es für notwendig und sinnvoll hielten, möglichst viele der Ergebnisse einer breiteren Öffentlichkeit zugänglich zu machen. Die drei Verfasser dieses Buches, selbst Organisatoren und Referenten dieser Tagung, danken allen TeilnehmerInnen für den Anschub, die inhaltliche Unterstützung und die zahlreichen Ideen und Zitate. Stellvertretend möchten wir ausdrücklich nennen: Mathias Albrecht, Johann Behrens, Dieter Borgers, Jochen Brückmann, Reinhard Busse, Manfred Fiedler, Franz Knieps, Christian Krauth, Wolfram Lamping, Gerd Marstedt, Rainer Müller, Rolf Rosenbrock, Norbert Schmacke, Hermann Schulte-Sasse und Michael Simon.

Ohne die ideelle und materielle Unterstützung von WZB und ZeS hätte es weder Tagung noch Buch gegeben. Ihnen sei ebenfalls gedankt.

Bernard Braun, Hagen Kühn, Hartmut Reiners, im Februar 1998

1. Ausverkauf der gesetzlichen Krankenkassen – das Märchen von der Gesundheitsreform

Seit Mitte der 70er Jahre wird die Reform des Gesundheitssystems[1] in periodischer Regelmäßigkeit diskutiert. Von Krisen und Kostenexplosion, vom Mißbrauch durch Patienten und Institutionen ist ebenso die Rede wie von gewinnorientierten Ärzten und Zulieferindustrien. In dieser Debatte haben sich Schlagworte, Einzelfälle und Stereotypen verselbständigt und den Status vermeintlich sachlicher Argumente erhalten. Es ist kein Zufall, daß der entsprechende empirische Nachweis häufig ausbleibt. Nicht selten straft er nämlich die Krisenrhetoriker Lügen oder deckt Probleme auf, die politisch nicht opportun sind. Die Vertreter der »Kostendämpfung« z. B. hören den Hinweis nicht gerne, daß die finanziellen Schwierigkeiten der gesetzlichen Krankenversicherungen (GKV) nicht auf steigende Ausgaben, sondern auf zurückbleibende Einnahmen zurückzuführen sind. Da ist es einfacher, die Schuld bei den Betroffenen zu suchen und vom Mißbrauch der Kassenleistungen durch die Patienten zu sprechen oder gar existentielle Ängste zu schüren, indem soziale Absicherung und die Gefährdung des Standortes Deutschland in einen unmittelbaren Zusammenhang gestellt werden. So ist ein Dickicht von Halbwahrheiten und Märchen entstanden, das die Grundlage der aktuellen Gesundheitspolitik bildet und das dieser Band entflechten möchte.

---

1 Mit »Gesundheitssystem« ist im folgenden im engeren Sinne das medizinische Versorgungssystem gemeint. Das sind die Einrichtungen der ambulanten und stationären medizinischen und pflegerischen Versorgung (Arztpraxen, Krankenhäuser, Rehabilitationskliniken), deren Zulieferer (Arznei-, Heil- und Hilfsmittel, medizinische Geräte usw.) und die Finanzierungsinstitutionen wie die gesetzlichen Kranken-, Renten-, Unfall- und Pflegeversicherung sowie die privaten Krankenversicherungen.

Der Horizont der Gesundheitspolitik ist in mehrfacher Hinsicht verengt: Gesundheitspolitik orientiert sich primär weder an relevanten Krankheiten und Krankheitsbedingungen in der Bevölkerung noch an den gesundheitsförderlichen und präventiven Möglichkeiten, sondern fast ausschließlich an der medizinischen Versorgung und den von dieser erreichbaren Gesundheitsproblemen. Gesundheitspolitik ist auf das »Kostenproblem« der medizinischen Versorgung fixiert, während zentrale Fragen ihrer Wirksamkeit und Angemessenheit, ihrer sozialen Verteilung, der Humanität zwar zuweilen in Reden angesprochen werden, aber kaum Gegenstand politischen Bemühens sind. Das »Kostenproblem« selbst wird zusätzlich verengt:

– Erstens interessieren nicht die immateriellen Kosten, die von Kranken und ihren Angehörigen in Form von Schmerzen, Ängsten, Unsicherheit, häuslichem Betreuungsaufwand usw. aufgebracht werden, sondern lediglich monetäre Kosten. Die Folge ist, daß die Einrichtungen der medizinischen Versorgung die betriebswirtschaftlich sichtbaren und spürbaren monetären Kosten zu Lasten dieser öffentlich unsichtbaren (und damit auch nicht interessanten) Kosten senken.

– Zweitens wird nur derjenige Teil der monetären Kosten zum Gegenstand der Kostendämpfungspolitik, der in Form von Ausgaben der GKV anfällt und sich steigernd auf den Beitragssatz auswirkt. Das ist daran ersichtlich, daß seit dem ersten »Kostendämpfungsgesetz« 1977 die Erhöhungen der Selbstbeteiligung oder Leistungsausgrenzungen als »Kostendämpfung« bezeichnet werden. Dabei werden die Kosten nur verlagert von der Solidargemeinschaft der Versicherten auf diejenigen, die die Leistungen in Anspruch nehmen, also auf die Patienten.

In den letzten Jahren ist der Horizont noch weiter verengt worden. Inzwischen geht es nur noch um den Teil des Beitrages, der (formal – es gibt ja Möglichkeiten der Überwälzung) die Arbeitgeber belastet. Mit dem Schlagwort der »Standortsicherung« wird die Furcht erzeugt, auch nur die geringste Erhöhung des Arbeitgeberbeitrages müsse sich negativ auf die in Deutschland erzielbaren Kapitalrenditen und somit auf die Beschäftigung auswirken.

Die Reformbemühungen verschiedener Bundesregierungen haben sich, unter dem Vorwand, die Beiträge stabil halten zu wollen, auf die schwächsten Glieder des Systems konzentriert: die pflichtversicherten Patienten. Ihre Ansprüche auf Leistungen werden immer weiter gekürzt, während Kranke gleichzeitig immer höhere Zuzahlungen leisten müssen. Obgleich die finanzielle Lage des Gesundheitssystems in den schwärzesten Farben gemalt wird, bleiben zahlungskräftige Interessengruppen wie die pharmazeutische Industrie, die Zahnärzte und die ärztlichen Standesorganisationen von den »Reformen« weitestgehend unberührt. Auch viele Besserverdienende sind am Solidaritätsausgleich der GKV nicht oder nicht ausreichend beteiligt.

Die Zukunft gehört in den Augen vieler Interessenvertreter und auch Politiker einer marktwirtschaftlich organisierten Gesundheitsversorgung nach dem Vorbild der privaten Krankenversicherungen (PKV). Die »Stärkung der Eigenverantwortung« wird als einer ihrer großen Vorteile gesehen.

Verantwortung setzt jedoch sowohl Fähigkeiten als auch Möglichkeiten voraus, autonom zu handeln. Wer an der Gestaltung seiner Arbeits- und Lebensumwelt teilhaben kann und wer dazu die bildungsmäßigen, wirtschaftlichen und gesundheitlichen Fähigkeiten besitzt, kann verantwortlich sein. Sowohl die objektiven als auch persönlichen Voraussetzungen sind sozial ungleich verteilt. »Stärkung der Eigenverantwortung« als Legitimationsformel beim Abbau des Sozialstaats verstärkt diese Chancenungleichheit, die Schwachen werden weiter geschwächt. Das Solidaritätsprinzip wird suspendiert.

Solidaritätsprinzip in Gefahr

Das Solidaritätsprinzip der gesetzlichen Krankenversicherung wird zu Recht als eine zivilisatorische und sozialintegrative Leistung gerühmt. Sein gesundheitspolitischer Wert geht noch darüber hinaus. Es ist die sozialpolitische Antwort auf die Tatsache, das gerade bei Menschen mit hohem Krankheits- bzw. Sterberisiko die Fähigkeit zur Selbsthilfe gering ist, also auf das sogenannte soziale Dilemma. Jede Art von Gesundheitspolitik stellt sich zu diesem Dilemma in Beziehung, auch wenn sie davon nichts weiß. Maßnahmen der individuellen Bezahlung bzw.»Zuzahlung« von Gesundheitsleistungen tragen zu dessen Vergrößerung bei. Davon abgesehen, daß die Inanspruchnahme des überwiegenden Teils der Leistungen nicht vom Patienten, sondern von Ärzten entschieden wird, entfalten Zuzahlungen in spürbarer Höhe die angestrebte »Steuerungswirkung« (Senkung der Inanspruchnahme) nur bei Patienten aus unteren Einkommensschichten. Aber gerade deren Krankheitsrisiko ist überdurchschnittlich hoch, während die individuellen Möglichkeiten, auf dieses einzuwirken, in dieser Personengruppe besonders niedrig sind. Dieser Zusammenhang wird in den strukturellen Prinzipien der Sozialversicherung berücksichtigt und zwar durch

– den einkommensabhängigen Beitragssatz der GKV im Unterschied zur risikobezogenen Prämie der Privatversicherung und
– den sozialversicherungsrechtlichen Anspruch auf »ausreichende«, »bedarfsgerechte«, dem »allgemeinen Stand der medizinischen Erkenntnisse entsprechende« sowie »wirksame« und »humane« Leistungen, die das »Notwendige« nicht überschreiten, ohne Rücksicht auf Einkommen und Status (Sozialgesetzbuch V und XI).
– 88,5 % der deutschen Bevölkerung sind in der GKV versichert; in den neuen Bundesländern sind es fast 97 %. (Dabei sind 40,7 % Pflichtmitglieder, 20,0 % Rentner, 8,5 % freiwillige Mitglieder und 30,8 % mitversicherte Familienangehörige.) 9,1 % der Bevölkerung sind privatversichert. Der Schutz der GKV umfaßt den Teil-Ersatz für krankheitsbedingten Lohnausfall (nach Beendigung der Lohnfortzahlung durch die Arbeitgeber) und Behandlungsaufwand bei Krankheit. Hinzu kommen Leistungen zur Früherkennung und medizinischen Prävention, Mutterschaftshilfe bei Schwangerschaft und Entbindung, zur ambulanten Pflege und Rehabilitation.

Die Gesamtzahl der Krankenkassen geht laufend zurück und betrug 1995 noch 875 (1970: 1815; Daten des Gesundheitswesens 1995). Seit den 70er Jahren verlieren die einzelnen Kassen Autonomie an die Verbände der einzelnen Kassenarten, unter denen die größte die Allgemeinen Ortskrankenkassen (39,6 % der Mitglieder) sind, gefolgt von den Ersatzkassen (30,0 %), den Betriebskrankenkassen (10,3 %), der Bundesknappschaft (2,1 %) und den Landwirtschaftlichen Krankenkassen (1,6 %). Hinzu kommen die privaten Krankenversicherungen (9,1 %) sowie besondere Sicherungsformen der Polizei und der Bundeswehr (2,3 %). Die gesetzlichen Krankenkassen sind weder staatliche noch private Institutionen, sondern sie sind »Körperschaften des öffentlichen Rechts« mit einer staatlich beaufsichtigten Selbstverwaltung. Die Beiträge werden – formal betrachtet – zu je 50 % von den Mitgliedern und den Arbeitgebern aufgebracht.

In der Solidargemeinschaft der Versicherten gibt es folgende gewollte Umverteilungsprozesse:
– von gesunden zu kranken Versicherten,
– von alleinstehenden Versicherten zu Familien,
– von jungen zu alten Versicherten und
– von Beziehern höherer zu Beziehern geringerer Einkommen.
Das Solidaritätsprinzip funktioniert nur solange, wie der Versichertengemeinschaft tatsächlich ausreichend viele junge, gut verdienende, gesunde Mitglieder angehören, um die Versorgung von kranken und älteren Mitgliedern mit geringerem Einkommen zu einem erträglichen Beitragssatz zu gewährleisten. Wie die internationale Erfahrung lehrt, finden sich in Grundsicherungsmodellen, wie sie für diejenigen gelten sollen, die nicht Mitglieder der nach privatem Vorbild organisierten Kassen sind, tatsächlich nur noch die »Bedürftigen« mit niedrigen Einkommen und/oder nicht mehr versicherbarem Krankheitsrisiko. Ein Solidaritätsausgleich kann hier nicht mehr stattfinden.

In der Praxis ist das Solidaritätsprinzip bereits heute in mehrfacher Weise eingeschränkt: Personen mit hohen, über der Versicherungspflichtgrenze liegenden Einkommen sind vom Solidarausgleich ausgenommen, und die Einkommen freiwillig Versicherter werden nur bis zu einer Beitragsbemessungsgrenze mit dem Beitragssatz belastet. Beispielsweise bezahlt der Versicherte mit einem Einkommen von 10 000 DM bei einem Beitragssatz von 11 % und einer Beitragsbemessungsgrenze von 6500 DM nicht 1100 DM, sondern mit nur 715 DM lediglich 7,15 % statt 11 % seines Einkommens. Die nachteiligen Folgen für die Risikogemeinschaft sind noch höher, da die ausgegrenzten Bezieher hoher Einkommen ein unterdurchschnittliches Krankheitsrisiko haben.

Eine Gefährdung des Solidaritätsprinzips liegt auch in der Erweiterung des wirtschaftlichen Wettbewerbs nach dem »Gesundheitsstruktur-Gesetz« 1993. Mit der Möglichkeit der Pflichtmitglieder, die Kasse selbst zu wählen, stehen die Kassenverbände in Konkurrenz um Mitglieder. Entscheidender Wettbewerbsparameter ist die Höhe des Beitragssatzes. Die Kassen sollen damit zu einer aggressiveren Vertragspolitik mit den Leistungsanbietern gebracht werden, um deren Preise zu dämpfen.

Die Krankenkassen werden durch den Wettbewerb zu konkurrierenden Unternehmen. Es besteht die Gefahr, daß sie sich durch Diskriminierung besonders »unrentabler« Mitglieder Vorteile zu verschaffen suchen. Darum wurde ein »Risikostrukturausgleich (RSA)« eingeführt. Durch den RSA sollen finanziell alle Kassen so gestellt werden, als hätten sie

– die gleichen Altersstrukturen,
– den gleichen Anteil von mitversicherten Familienangehörigen,
– die gleichen Grundlohnstrukturen,
– die gleiche Anzahl der Erwerbs- und Berufsunfähigkeitsrentner (deren Bedarf weit über dem Durchschnitt liegt),
– und die gleiche Zusammensetzung der Geschlechter.

Durch die Einführung dieses Ausgleichs wurde zunächst das Solidaritätsprinzip gestärkt. Die Beitragsdifferenzen zwischen den Kassenarten haben sich nach der Einführung des RSA deutlich verringert. Wieso aber gibt es immer noch deutliche Beitragssatzunterschiede? Es stellt sich heraus, daß nur ein Teil der Mehrausgaben aufgrund des höheren sozialen Krankheitsrisikos ausgeglichen wird. Ein 50jähriger Bauarbeiter kann nicht mit einem 50jährigen Bankangestellten gleichgesetzt werden, er hat ein deutlich höheres Krankheitsrisiko. Hinzu kommt, daß die Härtefallregelungen, die Einkommensschwache (1997 im Westen: 1708 DM brutto, im Osten: 1456 DM brutto) und chronisch Kranke von

Zuzahlungen teilweise oder ganz befreien, beim RSA nicht berücksichtigt werden. Dadurch werden insbesondere die Allgemeinen Ortskrankenkassen finanziell belastet. Auf sie entfallen 65 % der Härtefälle der GKV-West und 79 % der GKV-Ost (AOK-Bundesverband 1997), für die sie die Zuzahlungen übernehmen muß, die sich nach dem Beitragsentlastungsgesetz von 1996 und den Krankenversicherungs-Neuordnungsgesetzen von 1997 dynamisch erhöhen werden.

Das verstärkt nun wieder den Anreiz der Kassen, nicht um Mitglieder schlechthin, sondern nur um erwünschte Mitglieder, also »gute Risiken« zu konkurrieren und »schlechte Risiken«, trotz Kontraktzwang[1], durch – meist passive – Selektionsstrategien zu meiden. Die Kassen verlieren tendenziell den Anreiz, die für chronisch kranke und multimorbide Menschen besonders notwendigen Leistungen zu verbessern, da sie sonst Gefahr laufen, für diese Gruppen besonders attraktiv zu sein und damit im Wettbewerb Nachteile zu haben.

Eine weitere Einschränkung des Solidaritätsprinzips sind Zuzahlungen. Obwohl diese seit 1977 durch zahlreiche Kostendämpfungsgesetze für die meisten Leistungsarten eingeführt und erhöht worden sind, werden damit keine Kosten gesenkt, sondern auf diejenigen Versicherten umverteilt, die Leistungen in Anspruch nehmen. Die Lehrbücher sprechen von einem »Spareffekt« in Höhe der Zuzahlungen und von einem »Steuerungseffekt« in Höhe der verminderten Inanspruchnahme. In der Vergangenheit haben Zuzahlungen nicht in nennenswertem Umfang dazu geführt, daß weniger Leistungen in Anspruch genommen wurden. Jedoch wird das für die Zukunft als Folge der 1996/97 beschlossenen Gesetze zur Dynamisierung der Zuzahlungen erwartet.

Die Bezieher geringer Einkommen sind davon in doppelter Weise betroffen. Zum einen beanspruchen Zuzahlungen bei festen Zuzahlungsbeträgen einen größeren Anteil ihres Einkommens als bei Besserverdienenden und zum anderen haben sie ein höheres

---

1 Mit Ausnahmen (Betriebskrankenkassen) ist es den Krankenversicherungen nicht gestattet, die Aufnahme eines Versicherten abzulehnen.

Krankheitsrisiko und – bei entsprechender Inanspruchnahme – somit auch absolut höhere Zuzahlungen zu tragen. Durch die neuen
Regelungen wird die soziale Schere im Gesundheitswesen wieder
ein Stück weiter geöffnet.

Neuordnung mit Nebenwirkungen: die Gesetze von 1996 und 1997

Die Gesetze der Jahre 1996 und 1997 ignorieren den Wunsch der
Mehrheit der Bevökerung, das Solidaritätsprinzip beizubehalten.[1]
Genausowenig tragen sie dazu bei, daß die überkommenen Strukturen im Gesundheitswesen modernisiert werden und die Gesundheitspolitik sich stärker auf die Gesundheitsprobleme der Bevölkerung konzentriert. Statt dessen lassen sie drei Orientierungen
erkennen:
1. Gesundheitspolitik ist weitgehend die Anwendung neo- bzw.
   wirtschaftsliberaler Wirtschafts- und Finanzkonzepte auf die gesetzliche Krankenversicherung.
2. Eigenheiten des Gesundheitswesens interessieren nur nach
   Maßgabe der dort bestehenden interessenpolitischen Kräfteverhältnisse und Klientelbeziehungen. Um dieser willen nimmt man
   auch erhebliche künftige Kostensteigerungen in Kauf (z. B. Wegfall der »Positivliste«, Verzicht auf Budgetierung).
3. Elemente solidarischer Finanzierung sollen – unter dem Vorwand, sie zu erhalten – eliminiert oder geschwächt werden. Bei
   der Entsolidarisierung handelt es sich nicht um ungewollte »Ne-
   benwirkungen«, sondern um ein eigenes politisches Ziel wirtschaftsliberaler Kräfte, die sich in Laufe des Reformprozesses
   durchgesetzt haben. Da viele dieser Maßnahmen (wie die Einführung von Privatversicherungselementen) nachweisbar die
   Kosten erhöhen (wenn z. B. junge gesunde Versicherte Beitrags-
   rückerstattungen erhalten, muß der Beitragssatz für kranke äl-

---

1 Die hohe Akzeptanz der Solidaritätssysteme in der Bevölkerung wurde z. B. durch
eine Repräsentativbefragung in Nordrhein-Westfalen bestätigt, bei der 75 % der Befragten diese befürworten (MAGS [Hg.] 1995).

tere Versicherte steigen), ist es ganz offensichtlich, daß das Spar-
argument lediglich vorgeschoben ist.

Was bei der dritten Stufe der Gesundheitsreform für die sozialversicherten Bürger der Bundesrepublik herausgekommen ist, läßt sich
zu fünf Blöcken zusammenfassen:

Erstens wurde eine Reihe von Leistungen der Krankenversicherung
gestrichen oder gekürzt:

– der Kassenanteil für Brillenfassungen
– der Zuschuß zum Zahnersatz für alle Mitglieder, die nach 1978
  geboren wurden
– die Kürzung der Kuren von vier auf drei Wochen und die Verlängerung des Wiederholungsintervalls von drei auf vier Jahre sowie
  die Anrechnung von zwei Urlaubstagen pro Kurwoche
– der Wegfall der Gesundheitsförderung als Kassenleistung
– die Kürzung des Krankengeldes nach Ablauf der Lohnfortzahlung auf 70 % des Brutto- bzw. maximal 90 % des Nettoentgel-
  tes.

Zweitens wurden Eingriffe in die Gestaltung der Beitragssätze der
GKV vorgenommen:

Die Beitragssätze wurden für 1996 festgeschrieben und mußten
zum 1. 1. 1997 um 0,4 % reduziert werden.

Drittens wurden – als spürbarstes Element des Ganzen – die Zuzahlungen der Versicherten zu fast allen Leistungen (Ausnahme Arztbesuche) z. T. drastisch erhöht:

– Bei den Medikamenten, Krankenhaus- und Kurtagen sowie
  Fahrtkosten steigt sie pro Packung bzw. Tag oder Fahrt um weitere 5 DM plus 1 DM für jedes Zehntel Prozent Beitragserhöhung (z. B. steigt dann bei einer Beitragserhöhung um 0,3 % die
  Zuzahlung von 10 DM auf 13 DM pro Medikament).[1]

---

1 Der Bundesgesundheitsminister hat diese Koppelung zwischen Beitragserhöhung
und Zuzahlung öffentlich als das Kernstück seiner Reform bezeichnet. Die Idee ist
die, daß bei Wahlfreiheit der Versicherten angenommen wird, Steigerungen der Zuzahlung würde sie veranlassen, die Kasse zu wechseln, was die Kassen wiederum nur
verhindern können, indem sie die Beitragssätze stabil halten. Mittlerweile hat man offenbar die Brisanz einer solchen weiteren Steigerung der Zuzahlungen im Wahljahr
1998 erkannt und dafür gesorgt, daß sie de facto noch hinausgezögert wird.

– Die Zuzahlung bei Physiotherapie steigt von 5 % auf 15 %.
– Die bisherigen prozentualen Zuschüsse zum Zahnersatz werden zu Festbeträgen.
– Härtefallregelungen sollen diese Steigerungen für Bezieher geringer Einkommen abfedern, die maximale Belastung einzelner Versicherter soll 2 % des Einkommens pro Jahr nicht übersteigen (bei Chronischkranken 1 %).

Viertens wurden privatwirtschaftliche Elemente eingeführt wie:
– Beitragsrückzahlung bei Nichtinanspruchnahme von Leistungen
– Wahlmöglichkeit der Kostenerstattung (Versicherte bezahlen die private Arztrechnung und reichen sie bei ihrer Versicherung ein, die Differenz tragen sie selbst)
– Beitragssenkung durch höhere freiwillige Selbstbehalte
– außerordentliches Kündigungsrecht der Versicherten bei Steigerungen der Beitragssätze.

Fünftens richten sich einige Maßnahmen auf die Strukturen des Versorgungssystems:
– Die Kassen dürfen zeitlich befristet Modellvorhaben für neue Verfahren und Organisationsformen der Leistungserstellung selbst regeln und finanzieren[1].
– Die Arznei- und Heilmittelbudgets der Kassenärzte entfallen und werden durch arztgruppenspezifische Richtgrößen je Facharztgruppe ersetzt.
– Kassenärzte erhalten feste Punktwerte bis zu einer Höchstgrenze je Fachgruppe.
– Die Pflegepersonalregelung für Krankenhäuser (zur Verbesserung des Pflegepersonalbestandes) wurde ausgesetzt.
– Das Gesamtbudget für Krankenhäuser wird aufgeteilt in Fallpauschale, Sonderentgelte und ein »Restbudget«, das an das Wachstum der beitragspflichtigen Einkommen gekoppelt ist.
– Die Großgeräteplanung entfällt.

Hinzugefügt werden muß noch, daß – überwiegend auf Druck der FDP und ihrer Sponsoren – im Vorfeld dieser Reformen eine Reihe

---

1 Das dürfte das einzige Reformelement sein, das unter dem Aspekt der Modernisierung des Versorgungssystems einen Effekt haben kann.

von Gesetzen erlassen wurden, die man als »Klientelgesetze« zusammenfassen kann: So wurde die seit 1993 gesetzlich vorgesehene Liste verordnungsfähiger Arzneimittel in der Krankenversicherung (»Positivliste«) auf Betreiben der pharmazeutischen Industrie gestrichen und das extra dafür eingerichtete Institut wieder aufgelöst.[1] In einem zweiten Schritt wurden dann die bewährten Festbetragsregelungen für Arzneimittel mit patentgeschützten Wirkstoffen abgeschafft, und es entfällt die Abgabe preisgünstiger importierter bzw. reimportierter Arzneimittel durch Apotheken.[2]

Am Beispiel der dritten Stufe der Gesundheitsreform wird deutlich, daß der Abbau des Solidaritätsausgleichs sich nicht einer durchgängigen gesellschaftlichen Tendenz zur Entsolidarisierung oder einem ›Werteverfall‹ verdankt, sondern das Resultat gezielten politischen Handelns ist. Von einer »Gesundheitspolitik« könnte man sinnvollerweise erst dann sprechen, wenn politisches Handeln die verfügbaren personellen, finanziellen und wissenschaftlichen Mittel zur Lösung von Gesundheitsproblemen einsetzt. Die Gestaltung und Finanzierung des Systems der medizinischen Versorgung stünde hier im Zentrum. Die Bemühungen, die in den letzten Jahren als »Gesundheitsreform« bezeichnet worden sind, haben ihren Namen jedoch nicht verdient. Diese Reformen verfolgen im wesentlichen eine neoliberale wirtschafts- und finanzpolitische Strategie für die gesetzliche Krankenversicherung und berücksichtigen dabei besonders Klientelinteressen. Die Krankenversorgung wird dadurch weder wirkungsvoller an den realen Gesundheitsproblemen ausgerichtet noch wird sie humaner oder kosteneffektiver gestaltet, und die soziale Ungleichheit bei Gesundheits- und Versorgungschancen wird sich in Zukunft eher erhöhen.

Erklärungs- und Lösungsmuster, in denen der soziale und politische Status quo der Gesellschaft seinen konformen Ausdruck findet, haben es leicht, zur herrschenden Meinung zu werden: die

---

1 5. SGB V-Änderungsgesetz (Das Sozialgesetzbuch V regelt die gesetzliche Krankenversicherung).
2 6. und 7. SGB-V-Änderungsgesetz

ihnen auferlegten Beweislasten sind geringer, die mit ihnen verbundenen Belohnungen höher. So ist es auch in der Gesundheitspolitik. Indem der Öffentlichkeit eine Krise suggeriert wird, scheinen sich die entsprechenden politischen Therapien geradezu aufzudrängen. Aus Halbwahrheiten und Stereotypen entstandene Rhetorik verselbständigt sich, wird zu einem realen Phänomen, dessen Bekämpfung niemand mehr ernsthaft in Frage stellt. Um eine sachliche Debatte über das Gesundheitswesen zu ermöglichen, müssen zunächst Ursachen und Elemente dieser vermeintlichen Krisen empirisch überprüft und bewertet werden.

2. Wie eine Legende entsteht – das Märchen von der Kostenexplosion

1974/75, mit dem Beginn der Massenarbeitslosigkeit und dem Ende des ›Wirtschaftswunders‹, tauchte der Begriff »Kostenexplosion« im Gesundheitswesen erstmals auf. Ganz im Einklang mit der neuen Sprachregelung betitelte der *Spiegel* 1975 eine Serie über das Gesundheitswesen mit: »Krankheitskosten: Die Bombe tickt«. Mit der Explosions-Metapher wurde die Vorstellung eines äußerst dramatischen, aus der Kontrolle geratenen Sachverhalts heraufbeschworen. Über 20 Jahre hinweg bis in die aktuelle Diskussion hinein hat sich die Rede von der Explosion gehalten. Sie suggeriert eine akute Bedrohung, die unverzügliches Handeln erfordert und angesichts derer zeitraubende Bedenken zurückgestellt werden müssen.

Bei näherer Betrachtung erweist sich jedoch die Grundlage für die These von der Kostenexplosion als wenig aussagekräftig. Die Metapher legt ständig steigende Ausgaben nahe. Gemessen wird die Entwicklung der Kosten im Gesundheitswesen jedoch an den Steigerungsraten der Beitragssätze. Der Beitragssatz gibt zunächst nur Auskunft darüber, in welchem Verhältnis Einnahmen und Ausgaben des Gesundheitswesens zueinander stehen. Steigt der Beitragssatz, hat sich dieses Verhältnis verschlechtert. Tatsächlich stieg der jahresdurchschnittliche allgemeine Beitragssatz der gesetzlichen Krankenversicherung (GKV) von 8,2 % (1970) über 11,4 % (1980) auf 13,41 % 1993, ein Niveau, auf dem er auch noch im 1. Halbjahr 1997 (13,42 %) verweilte (*Abbildung 2.1*). Unbeantwortet bleibt bei einer isolierten Betrachtung der Beitragssätze, ob die Ursache in einem Anstieg der Kosten oder einer Verringerung der Einnahmen zu suchen ist.

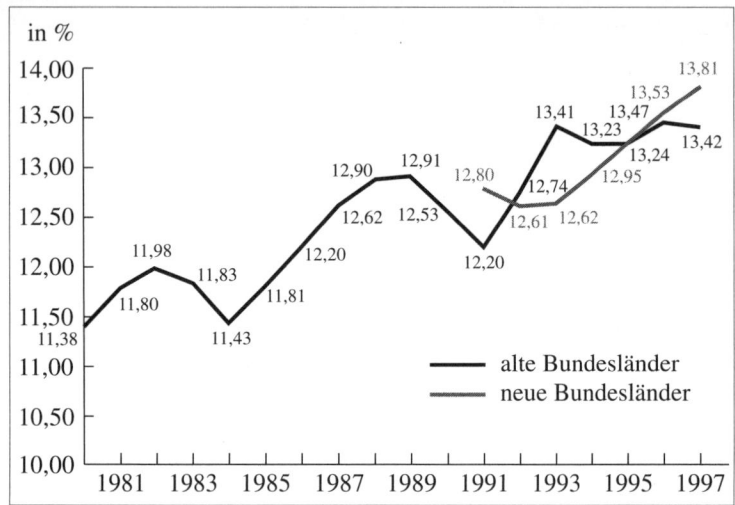

Abbildung 2.1
Entwicklung des jahresdurchschnittlichen Beitragssatzes der GKV
Quelle: Daten des Gesundheitswesens, 1997

– Sobald die finanzielle Entwicklung im Gesundheitswesen jedoch
  jenseits der »Explosions«-Rhetorik differenziert analysiert wird,
  zeigen sich zwei deutliche Trends:
– Der Anteil am Bruttosozialprodukt (BSP), der für das Gesundheitswesen ausgegeben wird, hat sich seit 1975 nicht wesentlich
  gesteigert.
– Die Einnahmen der GKV sind deutlich zurückgegangen.
– Aufschluß darüber, wie sich die Explosions-Metapher trotz
  dieser unbestreitbaren Fakten als gängiger Topos in der Gesund-
  heitsdebatte etablieren und halten konnte, gibt ihre Entstehungs-
  geschichte.

Manipulierte Statistik: steigende Ausgaben?

Bereits als der Begriff »Kostenexplosion« Mitte der 70er Jahre geprägt wurde, setzten seine Verfechter vorhandenes Material interessegeleitet ein. An zwei charakteristischen Beispielen – dem Krankenversicherungsbudget des damaligen Sozialministers von Rheinland-Pfalz, Heiner Geißler, und Material des Sozialmediziners Hans Schaefer – läßt sich zeigen, daß die Explosionsmetapher von Anfang an auf einem Fundament statistischer Manipulation errichtet wurde. Das Krankenversicherungsbudget, das Geißler 1974 vorlegte, lieferte eine erschreckende Hochrechnung der Gesundheitsausgaben. Der Index der GKV-Ausgaben wuchs vom Wert 100 (1960) auf 457,4 im Jahre 1973, eine enorme Steigerung. Ein graphisches Äquivalent lieferte Hans Schaefer. Er zeigte eine Kurve der Kosten, die exponentielle Wachstumsraten aufweist, also – wie die *Abbildung 2.2* zeigt – sich überstürzt.

Die dramatische Wirkung der von Geißler präsentierten Ausgabenentwicklung *(Abbildung 2.1)* verdankte sich einem einfachen statistischen Kunstgriff: Die Steigerungen eines solchen Index hängen vom Wert des Jahres ab, das als Ausgangsjahr gewählt wird (Basisjahr). Je kleiner dieser Wert bzw. je weiter entfernt das Ausgangsjahr ist, desto größer sind die Steigerungen. Obwohl in Geißlers Studie allen anderen Indices das Basisjahr 1970 (gleich 100) zugrunde lag, hatten seine Mitarbeiter bei den GKV-Ausgaben 1960 gewählt. Wäre nämlich als Basisjahr 1970 genommen worden, dann hätte die Differenz zwischen 1960 und 1973 anstatt 357,4 nur 134,5 betragen, eine Steigerung zwar, aber keine Katastrophe.

Bei Schaefers Ausgabenkurve *(Abbildung 2.2)* handelt es sich um eine »dressierte Kurve«[1]. Schaefer verbindet die jährlichen Werte durch eine Parabel. Damit unterstellt er eine Kurve, deren Steigerungsraten von Jahr zu Jahr ansteigen. Verlängert in die Zukunft erweckt diese Darstellung den Eindruck, das gesamte Bruttosozialprodukt werde in absehbarer Zeit von den GKV-Ausgaben

---

1 Es ist dies auch ein Beispiel dafür, daß in der Regel kein Experte seine Reputation ernsthaft gefährdet, solange seine »Irrtümer« im Trend liegen.

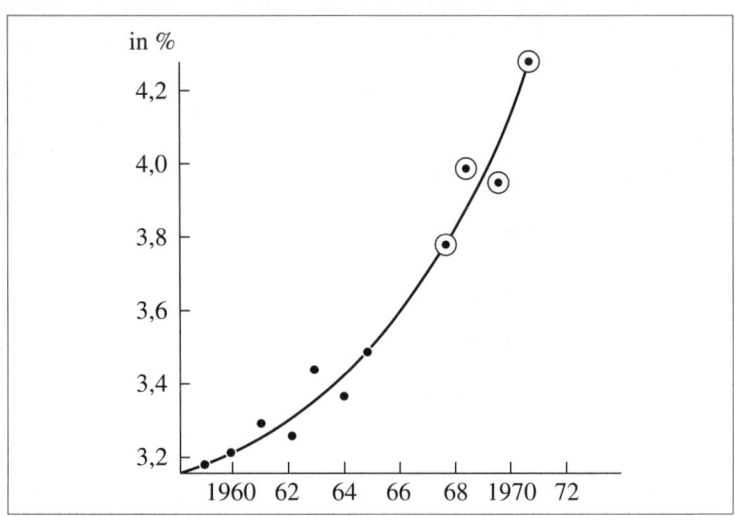

Abbildung 2.2
Ausgaben der GKV in Prozent des Bruttosozialprodukts 1958-1972
Quelle: Schäfer, 1973

»aufgefressen«. Dieser optische Eindruck entsteht allein durch die gewählten Relationen auf der senkrechten Achse. Als niedrigster Wert wird 3,2 % und als oberster Wert 4,2 % genommen, während auf der waagerechten Achse die Jahre 1960 bis 1972 im Zweierrhythmus auf engstem Raum abgetragen sind. Die gleichen Werte vermitteln bei anderer Beschriftung der Achsen ein völlig anderes Bild. In *Abbildung 2.3* reicht die senkrechte Achse von 1 % bis 6 %, und auf der waagerechten Achse sind die Jahre im Einerrhythmus abgetragen. Resultat ist eine flach steigende, lineare Kurvenfunktion.

Beide Beispiele aus den Geburtsjahren der Explosionsmetapher zeigen deutlich, wie willkürlich Einzelinformationen instrumentalisiert werden, ein Vorgang, der nicht nur in der Kostendebatte immer wieder zu beobachten ist. Tatsächlich signalisierten die damals fest-

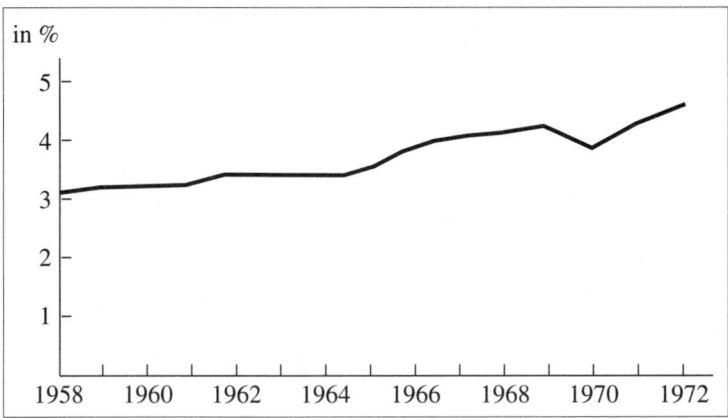

Abbildung 2.3
Ausgaben der GKV in Prozent des Bruttosozialprodukts 1958-1972
Quelle: nach Kühn, 1976

gestellten Steigerungen der Beiträge eine krisenhafte ökonomische Entwicklung, die jedoch auf andere Ursachen zurückging, als die Vertreter der Explosionsmetapher behaupteten. Die sehr hohen Steigerungsraten, die zwischen 1969 und 1975 auf der Ausgabenseite entstanden waren, hatten eindeutig einen Sondercharakter. Die sozialliberale Regierung, die seit 1969/70 im Amt war, hatte den versicherten Personenkreis der GKV erweitert und neue Leistungen eingeführt. Mit dem Krankenhausfinanzierungsgesetz (KHG) von 1972 und der Bundespflegesatzverordnung (BPflVO) von 1973 schuf sie den finanzpolitischen Spielraum, um den schlecht ausgestatteten, unter Finanznot leidenden und personell unterbesetzten Krankenhaussektor zu sanieren. Die hohen Wachstumsraten der Ausgaben für die stationäre Versorgung zeigen lediglich an, daß dieser Modernisierungsaufwand zum großen Teil über die Pflegesätze finanziert wurde (Kühn 1980). Ausgabensteigernd wirkte sich ferner aus, daß in den fünf Jahren zwischen 1970 und 1975 der Anteil der GKV an den Ausgaben aller Institutionen im Gesundheitsbereich von 35,0 % auf 44,2 % gestiegen war. Auch dahinter verbarg sich keine Steigerung, sondern eine Umverlagerung von Kosten (SVR 1994).

Indem die Debatte sich auf solche partiellen Mehraufwendungen konzentrierte, ignorierte sie den eigentlichen Kostentrend. Der war für jeden ersichtlich, der es wissen wollte. Wie die *Tabelle 2.2* zeigt, ist seit Ende der 70er Jahre der Teil des gesellschaftlichen Reichtums (ausgedrückt im BSP), den die Bundesdeutschen für das Gesundheitswesen bzw. für die GKV ausgegeben haben, nahezu konstant geblieben. Bei den Jahren zwischen 1969 und 1975 handelte es sich um eine gesonderte Nachholphase.

Dennoch beziehen viele Autoren noch heute bei langfristigen Betrachtungen zur Kostenentwicklung diese Jahre mit ein, offenbar deshalb, weil sie einen Trend mit steigenden Wachstumsraten zeigen möchten, den es aber seit Ende der 70er Jahre nicht mehr gibt.

Ohnehin muß man mit Statistiken zu den Ausgaben (›Kosten‹) für die Gesundheitsversorgung sehr vorsichtig umgehen. Es hat sich eingebürgert, die Ausgaben jeweils auf das Bruttosozial- bzw. Bruttoinlandsprodukt (BSP, BIP) zu beziehen. Der jeweilige Prozentsatz gibt dann Auskunft auf die Frage: Welcher Anteil des wirtschaftlichen Reichtums wird im Jahr x für das Gesundheitswesen insgesamt oder von der GKV ausgegeben? Der zeitliche Vergleich solcher Ausgabenquoten ist zwar sinnvoll, aber man muß sich bewußt sein, daß nicht jede Veränderung dieses Wertes auch tatsächlich auf eine entsprechende Veränderung der Kosten schließen läßt.

Wenn zum Beispiel die Wachstumsrate des BIP (der Nenner des Quotienten) konjunkturbedingt abnimmt, steigt rechnerisch der Ausgabenanteil, da die medizinische Versorgung von der Wirtschaftskonjunktur unabhängig ist.Umgekehrt sinkt im Konjunkturaufschwung die Ausgabenquote, ohne daß darum auch die Kosten gesunken sein müssen. Zu Verzerrungen kommt es auch, wenn beispielsweise ein Gesetz angekündigt wird, das den Versicherten höhere Zuzahlungen bringt. Diese ziehen dann verschiebbare Leistungen (z. B. Zahnersatz) zeitlich vor. Dadurch steigt der Wert des Vorjahres einer ›Reform‹, und danach macht es den Eindruck, Kosten seien gesunken. (Beispiel ist das »Gesundheitsreformgesetz«

1989). Veränderungen der Ausgabenquoten in kurzen Zeiträumen sagen also allein nichts aus. Hier kommt es auf die genaue Betrachtung der Einzelheiten an. Will man aber auf der Basis vorhandener Statistiken einen Trend analysieren und statistisch darstellen, dann sollten besser Durchschnitte mehrerer Jahre miteinander verglichen werden[1], um die Schwankungen des BSP auszugleichen.

Was die Ausgabenzahlen unter diesen Vorbehalten wirklich zeigen können, ist in keiner Weise dramatisch zu nennen, von »Kostenexplosion« ganz zu schweigen. Die Betrachtung seit 1980 stützt die These, daß die gesamtwirtschaftlichen Aufwendungen für das Gesundheitswesen als Anteil am BIP langfristig einen leichten, linear ansteigenden Trend aufweisen, wie das für alle Sektoren, in denen personenbezogene Dienstleistungen eine wesentliche Rolle spielen, üblich ist. Wie im nächsten Kapitel gezeigt wird, hängt das vor allem damit zusammen, daß die Produktivität personenbezogener Dienstleistungen (nicht nur im Gesundheitswesen) unterdurchschnittlich wächst und diese somit langfristig, verglichen mit materiellen Gütern, relativ teurer werden. Von einer modernisierten Struktur des Gesundheitswesens könnte erwartet werden, daß dieser leichte Anstieg durch verbesserte Wirtschaftlichkeit[2] sogar für einen gewissen Zeitraum ›ausgesetzt‹ werden kann.

Die *Tabelle 2.1.* zeigt zunächst die gesamten Aufwendungen für das Gesundheitswesen als Anteil des Bruttosozialprodukts im internationalen Vergleich. Hier geht es also noch nicht um die GKV, die nur knapp die Hälfte davon finanziert, sondern um die Gesamtausgaben. In allen Industrieländern mit Ausnahme Schwedens steigen die Quoten erwartungsgemäß im Trend seit 1980 in jedem Land.

Selbst wenn man für Deutschland die aufgrund der niedrigen Wachstumsraten des BIP ›übertreibenden‹ Werte der Jahre 1993 und 1994 heranzieht, ist die Quote seit 1980 nur um 1,1 Prozentpunkte gestiegen. Nur Japan und Schweden liegen darunter. Die USA (4,6), Kanada (2,4) und die Schweiz (2,3) liegen an der Spitze.

---

1 Z. B. werden bei Fünfjahresdurchschnitten für das jeweilige Jahr die beiden vorherigen und die beiden nachfolgenden Jahre einbezogen.
2 »Wirtschaftlichkeit« heißt: Gleiche Qualität mit geringerem Aufwand bzw. gleicher Aufwand bei höherem Leistungsniveau.

Tabelle 2.1

Gesamte Ausgaben für medizinische Versorgung* in Prozent des Bruttosozialprodukts, ausgewählte Länder 1980 bis 1994							
Land	1980	1985	1990	1991	1992	1993	1994	1980–94
Deutschld.	8,4	8,7	8,3	8,4	8,6	9,3	9,5	1,1
Frankreich	7,6	8,5	8,9	9,1	9,4	9,8	9,7	2,1
Italien	6,9	7,0	8,1	8,4	8,5	8,6	8,3	1,5
Japan	6,6	6,6	6,8	6,7	7,0	6,6	6,9	0,3
Kanada	7,4	8,5	9,4	10,0	10,2	10,2	9,8	2,4
Niederld.	7,9	7,9	8,0	8,3	8,5	9,0	8,8	1,1
Schweden	9,4	8,9	8,6	8,4	7,6	7,6	7,7	1,7
Schweiz	7,3	8,1	8,4	9,0	9,4	9,5	9,6	2,3
UK	5,6	5,9	6,0	6,5	7,0	6,9	6,9	1,3
USA	8,9	10,2	12,1	12,9	13,4	13,6	13,5	4,6
* Abgrenzung nach OECD							

Quelle: OECD, zitiert nach: U. S. National Center for Health Statistics, Health United States 1996–97, Hyattsville, Maryland, USA

Im Zeitraum 1980 bis 1991 hat die Quote überhaupt nicht zugenommen. Ein systematischer Zusammenhang zwischen der jeweiligen Ausgabenquote und der wirtschaftlichen Leistungsfähigkeit eines Landes (vgl. das »Standort-Argument«, Kapitel 5) besteht offensichtlich nicht. Weder ist die Wirtschaft Großbritanniens, das einen niedrigen Wert aufweist, besonders stark, noch könnte die USA mit dem weitaus größten Anteil als ein wirtschaftlich besonders wenig ›wettbewerbsfähiges‹ Land bezeichnet werden.

Bei den deutschen Quoten fallen die Jahre 1993 und 1994 auf, da sich die stark erhöhten Werte von dem bis dahin fast gleichbleibenden Trend entfernt zu haben scheinen. Ohne das auf der Grundlage veröffentlichter Daten genau zurechnen zu können, sind – nicht an der Steigerung schlechthin, aber an ihrer außerordentlichen Höhe – zwei Gründe wesentlich beteiligt, die über den Trend keine Schlüsse zulassen. Das sind zum einen die konjunkturbedingt rückläufigen

Tabelle 2.2

Ausgaben für Behandlung, vorbeugende und betreuende Maßnahmen, in Mrd. DM und Prozent des Bruttoinlandprodukts 1980 bis 1994						
Jahr	1980	1990	1991	1992	1993	1994
alte Länder						
Mrd DM	122,3	198,1	221,5	244,7	247,2	261,3
Prozent	8,3	8,2	8,4	8,7	8,7	8,8
Deutschland						
Mrd DM	x	x	249,7	285,1	290,4	309,5
Prozent	x	x	8,8	9,3	9,2	9,3

Quelle: Daten des Gesundheitswesens 1997, eig. Berechnungen

Wachstumsraten des BIP von durchschnittlich 8,1 % in den Jahren 1990–92 auf durchschnittlich 2,7 % 1993/94 (Daten des Gesundheitswesens 1997, 342)[1]. Zum anderen zeigt die *Tabelle 2.2*, daß hier auch Vereinigungsfolgen eine Rolle spielen. Während in den alten Bundesländern die Ausgabenanteile für Behandlung, vorbeugende und betreuende Maßnahmen auf 8,7 bzw. 8,8 % des BIP kletterten, erreichten sie für Deutschland insgesamt 9,2 bzw. 9,3 %. Während nämlich die Leistungsausgaben pro Versicherten in den neuen Bundesländern sich auf 90,2 % der westdeutschen Werte angeglichen haben, ist der ostdeutsche Beitrag zum Bruttoinlandsprodukt pro Erwerbstätigem (also dem ›Nenner‹ des Ausgabenanteils) mit 51,5 % nur gering[2]. Obwohl in den neuen Ländern nur noch 18,9 % der Bevölkerung leben, wird die Gesamtquote durch dieses Mißverhältnis stark erhöht.

Die Diskussion um die ›Kostenexplosion‹ bezieht sich nun aber nicht auf diese gesamtwirtschaftlichen Aufwendungen, sondern auf die Ausgaben der gesetzlichen Krankenversicherung. Für die kurz-

1 In den neuen Ländern ging die Wachstumsrate von 27,5 % (1992) auf 16,3 % (1993/94) zurück und hat sich mittlerweile noch weiter nach unten angeglichen.
2 Daten des Gesundheitswesens 1997, Jahresgutachten 1997/98 des Sachverständigenrats zur Begutachtung der gesamtwirtschaftlichen Entwicklung, eigene Berechnung.

Tabelle 2.3

Anteil der GKV-Ausgaben am Brutto-Inlandsprodukt 1980 bis 1996			
Jahr	GKV	BIP	GKV:BIP
1980	85 956	1 472 040	5,84
1981	92 203	1 534 970	6,01
1982	92 677	1 588 090	5,84
1983	95 897	1 668 540	5,75
1984	103 562	1 750 890	5,89
1985	108 704	1 823 180	5,96
1986	114 061	1 925 290	5,92
1987	118 930	1 990 480	5,97
1988	128 059	2 095 980	6,11
1989	123 242	2 224 440	5,54
1990	134 238	2 426 000	5,53
1991	151 634	2 647 600	5,73
1992	167 850	2 813 000	5,97
1993	166 092	2 844 100	5,84
1994	178 463	2 965 900	6,02
1995	190 289	3 076 700	6,18
1996	196 258	3 143 300	6,29

Quelle: Daten des Gesundheitswesens 1997, eig. Berechnungen

fristigen Veränderungen der GKV-Ausgabenanteile am BIP *(Tabelle 2.3)* gilt das bereits Gesagte.

Um die jährlichen Schwankungen der GKV-Ausgaben (auch des Anteils der GKV-Ausgaben an den Gesamtausgaben) nicht als Trend zu interpretieren, ist es sinnvoll, die Durchschnitte mehrerer Jahre zu vergleichen. Der GKV-Anteil am BIP stieg von 5,87 % im Jahrfünft 1980 / 1984 auf 5,95 % in den Jahren 1991 / 1995. Das ist eine

Steigerung um 0,08 Prozentpunkte, d. h. um acht Zehntausendstel des BIP. Vor allem, wenn man das mit den Bedrohungsvisionen im Zusammenhang mit der »Standort«-Debatte vergleicht (dazu Kapitel 5), muß diese Steigerung der Ausgaben als unerheblich bezeichnet werden und kann schwerlich als Grund der Beitragssatzsteigerungen *(Abbildung 2.1)* herangezogen werden.

Langfristiger Trend: zurückbleibende Einnahmen

Auf der Einnahmeseite hingegen war Mitte der 70er Jahre tatsächlich eine Trendwende eingetreten, die bis zum heutigen Tag anhält. Die Jahre 1974/75 markieren einen Konjunktureinbruch, der zugleich das Ende des durch hohes Wachstum und Vollbeschäftigung charakterisierten deutschen »Wirtschaftswunders« einleitete. Es kam erstmals nach den 30er Jahren wieder zur Massenarbeitslosigkeit.[1] Der Arbeitsmarkt wurde zum ›Käufermarkt‹. Damit schrumpfte der Lohnanteil am gesellschaftlichen Reichtum – und auch die Finanzierungsbasis der Sozialversicherung. Gewerkschaften, Tarifrecht und Sozialstaat konnten diese Entwicklung zwar abbremsen, aber nicht verhindern.

Indem die Steigerung der Beitragssätze als »Kostenexplosion« thematisiert wurde, gelang es, den öffentlichen Blick von der Entwicklung der Einnahmen und damit von Arbeitslosigkeit und sinkender Lohnquote abzulenken. Begriffe wie relativer Einnahmerückgang, Machtkonzentration und rückständige Strukturen hätten die vermeidbaren Gründe steigender Beitragssätze weitaus treffender bezeichnet[2]. Letztere schwankten – wie die *Abbildung 2.1* zeigt – deutlich mit dem konjunkturellen Zyklus, in dem die Ein-

---

1 Ähnlich einmütig, wie man heute vom Segen eines – durch einen ordnungspolitischen Rahmen funktionalisierten – Wettbewerbs im Gesundheitswesen überzeugt ist, waren sich zuvor die Experten einig darüber gewesen, daß Massenarbeitslosigkeit im »ordnungspolitischen Rahmen« der »Sozialen Marktwirtschaft« und speziell des »Stabilitätsgesetzes« prinzipiell vermeidbar sei und der Vergangenheit angehöre.
2 Wie noch gezeigt wird, gibt es, auf lange Sicht betrachtet, auch unvermeidbare Gründe für Ausgabenerhöhungen, die jedoch undramatisch sind.

nahmen sich periodisch relativ zu den Ausgaben verschlechterten und als staatliche Reaktion jeweils ein Kostengesetz provozierten (Pfaff/Busch/Rindsfüßer 1993).

Die Dynamik der Steigerung der Beitragssätze geht also ganz eindeutig von der Einnahmeseite aus. Da die GKV aus Beiträgen finanziert wird, die einen Prozentsatz der Löhne und Gehälter ausmachen, hängt die Entwicklung der Einnahmen grundsätzlich von zwei Faktoren ab: der Zahl der Beitragszahler (d. h. versicherten Beschäftigten) und dem Niveau der Löhne und Gehälter.[1] Seit Mitte der 70er Jahre hat die Massenarbeitslosigkeit eingesetzt, und seit Anfang der 80er Jahre nimmt der Anteil der Einkommen aus unselbständiger Arbeit (Löhne und Gehälter) am Volkseinkommen[2] kontinuierlich ab (*Tabelle 5.1,* S. 89), entsprechend nehmen die Einkommen aus Unternehmertätigkeit und Vermögen (*Tabelle 5.2,* S. 91) zu. Lediglich in den konjunkturellen Abschwüngen äußert sich das zeitlich verzögerte Sinken der Löhne kurzzeitig in steigenden Anteilen.

Verglichen mit dem Durchschnitt von 1975/80 sank der Bruttolohnanteil bis zum Jahrfünft von 1989/93 von 75,0 % auf 70,46 % des Volkseinkommens. Berücksichtigt man den seit 1970 gestiegenen Anteil der Arbeitnehmer an der Gesamtzahl der Erwerbstätigen (der ja auch Leistungen beansprucht) durch die bereinigte Bruttolohnquote, dann ging der Lohnanteil von 71,75 % auf 65,7 % des Volkseinkommens zurück. Entscheidend ist, daß mit dieser Entwicklung der Arbeitnehmereinkommen die Finanzierungsbasis der GKV geschrumpft ist und daher die Beitragssätze (als Prozentsatz

1 Diese Größen werden gesetzlich noch modifiziert durch die »Beitragsbemessungs- und Versicherungspflichtgrenze«, d. h. die Lohnhöhe von monatlich 6300 DM (West) bzw. 5250 DM (Ost), bis zu der der Beitragssatz erhoben wird bzw. eine Versicherungspflicht besteht. Freiberuflich Tätige und Beamte unterliegen auch bei geringeren Einkommen nicht der Versicherungspflicht. Wer zur freiwilligen Versicherung in der GKV berechtigt ist, kann zwischen GKV und PKV wählen. Diese Regelungen sind rein politischer Natur, die a) den Versicherungsunternehmen einen Markt, b) den Anbietern von Gesundheitsleistungen zusätzliche Einnahmen und c) der oberen Mittelschicht das Gefühl sichern sollen, privilegiert zu sein.
2 Vereinfacht ausgedrückt ist das »Volkseinkommen« derjenige Teil des BSP, der zur Verteilung verfügbar ist (BSP minus Abschreibungen und indir. Steuern plus Subventionen).

der Finanzierungsbasis) steigen mußten. Darauf haben die Bundesregierungen reagiert, indem sie Kosten auf die Patienten (Selbstbeteiligung) verlagert und die Beitragsbemessungsgrenze erhöht haben.

Ablenkungsmanöver: stabile Beiträge

Während der GKV-Anteil am BSP sich seit 1975/80 kaum verändert hat, ist der Anteil der Löhne und Gehälter am Volkseinkommen gesunken. Wären also seit den 80er Jahren Beschäftigung und Lohnquote konstant geblieben, so würde der heutige Beitragssatz etwa dem des Jahres 1980 entsprechen. Anders ausgedrückt: Wäre bei der gegebenen Ausgabenentwicklung der Lohnanteil am Sozialprodukt konstant geblieben, dann wäre der Beitragssatz noch etwa auf der Höhe von 1980, wäre die Lohnquote gestiegen, dann hätte der Beitragssatz sogar *fallen* können.

Hinter der Debatte um die Stabilität der Beiträge unter dem Schlagwort »Kostenexplosion« stehen politische Interessen. Solange im öffentlichen Bewußtsein die Stabilität der Beiträge als dringliches Problem präsent ist, wird weder nach der Einkommensverteilung noch nach der Kostenentwicklung oder gar nach dem Nutzen von Leistungen und der Entwicklung des Bedarfs gefragt. Die Beitragsstabilität ist automatisch bedroht, wenn sich die Senkung der Lohnquote nicht in relativen Ausgabensenkungen der GKV niederschlägt. So entsteht eine Atmosphäre galoppierender Dringlichkeit. Permanent müssen »Defizite« ausgeglichen werden. Für Überlegungen zur Bedarfsorientierung, zu Qualität und Nutzen, für Strategien zur Abschöpfung von Gewinnen an der Gesundheit etc. bleibt keine Zeit.

Doch auch der Fokus auf die Kostenseite und die Kostendämpfungs-Gesetze seit 1977 führte nicht dazu, an den vermeidbaren Ursachen der Ausgabensteigerung anzusetzen. Ginge es darum, wie Wirksamkeit und Bedarfsorientierung möglichst kostengünstig erzielt werden könnten, dann stünden Strukturen, Qualitäten, Verteilung von Nutzen und Einkommen im Gesundheitswesen zur Disposition. Dazu hätten die Bundesregierungen jedoch den Konflikt mit den im Gesundheitswesen engagierten Konzerninteressen und der organisierten Ärzteschaft riskieren müssen.

In der Reformdebatte hat sich inzwischen die Erkenntnis durchgesetzt, daß die Steigerung bei den Beitragssätzen von der Entwicklung bei den Einnahmen abhängt. Das Märchen von der Kostenexplosion kann also zumindest im Kreis der Experten nicht mehr so leicht aufgetischt werden. Dennoch bleibt das Thema steigender Kosten aktuell. Das Problem wird jetzt im System der GKV selbst gesehen und seine Kritiker fordern mit neuen Begründungsmustern eine Beschneidung der bestehenden Regelungen.

3. Wie eine Legende überlebt –
das Märchen von der Kostenexplosion, Teil II

Das Märchen von der »Kostenexplosion« scheint entmystifiziert. Trotzdem hält sich hartnäckig die Ansicht, die Ausgaben für das Gesundheitswesen gerieten in der Zukunft aus der Kontrolle. Hinter dieser Prognose steckt die Überzeugung, eine soziale Krankenversicherung berge zwangsläufig so viele Kostentreiber in sich, daß sie auf die Dauer nicht mehr – oder nicht mehr auf dem derzeitigen Niveau – zu finanzieren sei. Bei diesen Kostentreibern muß es sich also um Faktoren handeln, die bis jetzt entweder nicht existiert haben oder von denen mit guten Gründen behauptet werden kann, daß ihre ausgabensteigernden Effekte künftig weitaus stärker sein werden als bisher.

Von dieser Annahme geht auch der »Sachverständigenrat für die Konzertierte Aktion im Gesundheitswesen (SVR)« in seinem Gutachten 1995 aus. Der SVR ist ein Gremium, das von der Bundesregierung eingesetzt wurde mit dem ausdrücklichen Auftrag, Informationen zur Versachlichung der Debatte beizubringen. Die Sachverständigen bieten in ihrem Gutachten ein umfassendes Erklärungsmodell. Sie berücksichtigen insgesamt neun Faktoren als potentielle Kostentreiber, die sie in »nachfrageseitig« und »angebotsseitig« wirkende unterteilen. Zu den angebotsseitigen Faktoren gehören die Leistungsausweitung durch Anbieter, der medizinische Fortschritt, die Preisentwicklung und Leistungsintensivierung durch »Defensivmedizin«[1]. Zu den nachfrageseitigen (also auf die

1 Darunter versteht man medizinische Maßnahmen, die von den Ärzten nur aus dem Grund der Abwehr gegen drohende Klagen der Patienten getätigt werden. Auch hier gibt es sicher zahlreiche Einzelfälle, aber ein tatsächlich errechenbarer Beitrag zur Ausgabenentwicklung konnte bislang nicht einmal in den USA nachgewiesen werden,

Versicherten zurückgehenden) Faktoren zählt man die Verschiebung der Altersstruktur, die Zunahme von Einzelhaushalten, die Veränderung des Krankheitsspektrums vor allem in Richtung auf mehr chronische Erkrankungen, die gestiegene Anspruchshaltung (der Versicherten) und »der insbesondere durch den umfassenden Versicherungsschutz gegebene Anreiz zu einer übermäßigen und mißbrauchenden Inanspruchnahme von Gesundheitsleistungen (*moral hazard*)«.

Angesichts der Faktoren, die in der Aufzählung fehlen, wird deutlich, daß die Gutachter so neutral und politisch interessenlos nicht verfahren sein können. Nicht berücksichtigt wurden u. a. zwei entscheidende Bereiche, die die Entwicklung der Ausgaben immer wieder aktiv beeinflußt haben: zum einen die Politik der Bundesregierungen, die seit Mitte der 70er Jahre immer wieder andere Haushalte zu Lasten der GKV-Ausgaben entlastet haben, und zum anderen der politische Einfluß mächtiger Interessengruppen, seien es die ärztlichen Standesorganisationen, die pharmazeutische Industrie oder die privaten Krankenversicherungen. Ausgaben sind das Produkt von Mengen und Preisen, und die »Preise« im Gesundheitswesen entstehen nicht als Ergebnis von Angebot und Nachfrage auf den anonymen Märkten der Ökonomielehrbücher, sondern resultieren aus Machtverhältnissen. Das war dem SVR in seinem Gutachten von 1995 (und ist auch den meisten anderen Experten) nicht einmal eine Erwähnung wert.

Die Illusion von der Nachfragesteuerung

Nach allen empirischen Erkenntnissen sind an der Entwicklung des gesundheitlichen Leistungsangebotes in den westlichen Industrieländern zwar eine Reihe der Faktoren beteiligt, die der SVR anführt. Angebots- und nachfrageseitigen Faktoren kommt dabei aber jeweils so unterschiedliches Gewicht zu, daß es irreführend ist, sie

wo Schadensersatzklagen und Kunstfehlerprozesse an der Tagesordnung sind. Stoff für weitere Legenden.

gleichberechtigt nebeneinanderzustellen. Die Schlüsselrolle bei der Leistungsentwicklung nimmt eindeutig das medizinische Versorgungssystem und die ärztliche Profession ein. Sehen wir uns einmal die Verteilung der Ausgaben auf die Versicherten an: In den westlichen Industrieländern verbrauchen pro Jahr 1 % der Versicherten ungefähr 30 % der Ausgaben; auf die 5 % der Versicherten mit den höchsten Kosten entfallen bereits ca. 60 % der gesamten Ausgaben (Evans 1996).[1] Zumindest diese 5 % der Versicherten sind in der Regel schwer krank. Über den Aufwand, der für sie entsteht, entscheiden Kliniken und spezialisierte Ärzte, und nicht die Konsumenten selbst. In diesen Fällen das Nachfrageverhalten eines wählerischen Kunden zu unterstellen, ist absurd. Am ehesten kommen diejenigen Versicherten als freiwählende Konsumenten in Frage, die in der Regel gesund sind. Zu dieser Gruppe gehören etwa die Hälfte aller Versicherten; sie verbrauchen jedoch nur ca. 3 % der gesamten Behandlungsausgaben. Aus ihrem Verhalten läßt sich also kaum auf katastrophale Steigerungen der Ausgaben schließen.

Ohne Zweifel spielen Faktoren der Nachfrageseite eine Rolle wie das Krankheitsgeschehen, die soziale Selbsthilfefähigkeit (z. B. bei Einzelhaushalten) oder auch das (meist schichtenspezifische) Erwartungsniveau. Aber die tatsächliche Inanspruchnahme und die dabei aufgewendeten Ressourcen lassen sich damit nicht erklären und schon gar nicht eine künftig ausufernde, nicht mehr zu finanzierende Ausgabenentwicklung. Auch können international unterschiedliche Ausgabenentwicklungen nicht mit solchen Faktoren erklärt werden und schon gar nicht können damit dramatische Veränderungen prognostiziert werden, da diese Faktoren sich nur sehr langsam verändern.

Über das tatsächliche Nachfrageverhalten von Versicherten bzw. Patienten, unabhängig von dem, was ihnen durch Ärzte empfohlen, verordnet, nahegelegt wird, gibt es kaum empirisches Wissen. Es konnte bislang nicht einmal ermittelt werden, ob gut informierte Patienten mehr oder weniger nachfragen würden, als es jetzt die Ärzte

---

1 Um die hier von Evans (1996) übernommene Anhaltszahl schwanken auch die Werte der GKV.

für sie tun. Wennberg (1990), einer der renommiertesten Forscher der medizinischen Wirkungsforschung (*outcomes research*) in den USA, geht sogar davon aus, daß Patienten, die die spezifischen Risiken von Behandlungsoptionen kennen, im Durchschnitt nicht mehr, sondern weniger hochtechnische Leistungen nachfragen würden als derzeit die Ärzte. Die häufige Behauptung, die Ärzte würden »auf Druck der Patienten« den Aufwand erhöhen, wird dadurch nicht glaubwürdiger.

In der gesundheitspolitischen Debatte wird oft mit Lehrsätzen aus der Ökonomie argumentiert. Danach sind die »menschlichen Bedürfnisse« grundsätzlich »unbegrenzt«, während die Ressourcen stets »knapp« sind. Aus diesen Annahmen werden oft weitgehende gesundheitspolitische Schlußfolgerungen (z. B. die angeblich notwendigen Zuzahlungen) abgeleitet. Dabei ist zumindest ihre Anwendung auf das Gesundheitswesen unsinnig. Warum sollten die Menschen ein grenzenloses Bedürfnis nach Krankenhaustagen, Herzkathetern oder Röntgenbildern haben?[1] Und warum sollten sie es in der Zukunft haben, wenn sie es bisher noch nicht hatten?

Es sind vor allem die behandelnden Ärzte, die darüber entscheiden, welche Leistungen ihre Patienten in Anspruch nehmen, und es ist das medizinische System, das den Ärzten die Handlungsmöglichkeiten bereitstellt. In den Vereinigten Staaten liegt eine große Anzahl von Studien vor, die im regionalen Vergleich eine fast unglaubliche Variationsbreite in den ärztlichen Behandlungsmustern nachweisen, die sich unmöglich auf Patienten und ihr Verhalten zurückführen lassen (Detsky 1995).

Brook und Lohr (1986) geben Beispiele für relevante Leistungsarten, bei denen die regionalen Häufigkeiten bestimmter Leistungsarten zwischen 700 % (bei Computertomographien) und 60 % (Krankenhaus-Inanspruchnahmen) variieren, ohne daß sich die Patientenmerkmale Alter, Geschlecht, Gesundheitsstatus sowie andere

---

1 Auch ist in den westlichen Industrieländern sicher nicht eine zeitlose »Knappheit« der zentrale limitierende wirtschaftliche Faktor, sondern Krisenursache ist gerade der relative Überfluß an Waren, die keine Käufer finden, Arbeitskräfte, die keine Beschäftigung finden, weil die Märkte langsamer wachsen als das Produktionspotential usw.

demographische und soziale Faktoren unterscheiden. Die ärztlichen Behandlungsmuster variieren bei vergleichbaren Erkrankungen und Altersgruppen in sehr hohem Maße, auch in Abhängigkeit von den jeweiligen monetären Anreizen sowie der Organisationsform der ärztlichen Versorgung. Das legt die Schlußfolgerung nahe, daß der Behandlungsaufwand nicht sehr stark vom Verhalten der Patienten und der vorhandenen Technologie bestimmt sein kann, sondern sehr wesentlich durch die Anbieter festgelegt wird. Es entspricht im übrigen auch der Erwartung an den Berufsstand der Ärzte, daß sie festlegen, wann zum Beispiel eine bestimmte diagnostische Maßnahme oder eine Einweisung in das Krankenhaus zu erfolgen hat. Der ökonomische Fachausdruck für genau diese Tätigkeit ist dann die »angebotsinduzierte Nachfrage«.

Die Dominanz der Anbieterseite wird erheblich durch außergesundheitliche Faktoren verstärkt. Die dritte Stufe der Gesundheitsreform, die zu keinerlei Kostendämpfung geführt hat, sondern zu erheblichen Kostenübernahmen durch die Patienten, wäre ohne die erhebliche Macht der ärztlichen und zahnärztlichen Organisationen, der Arzneimittelindustrie (z. B. Wegfall der Positivliste), der Technologie-Anbieter (z. B. Verzicht auf Großgeräteplanung) und der Versicherungskonzerne so nicht zustande gekommen. Experten, die ohne empirische Belege die »Ansprüche« der Patienten als Ursache ausufernder Bedrohungsszenarios einsetzen, sind ebenfalls Akteure in diesem Interessenkampf. Indem sie z. B. überhöhte Gewinne von Anbietern und entsprechende Ausgabenerhöhungen umdeuten als Folge der unersättlichen Bedürfnisse von »Nachfragern«, beziehen auch sie Position.

Neue Kostenfaktoren für alte Argumente

Kostenfaktor Preisstruktur?

Ein weiterer der vom Sachverständigenrat aufgelisteten »angebotsseitigen« Faktoren ist der »Preisstruktureffekt«. Er besteht darin, daß die Preise für Gesundheitsleistungen im Vergleich zum Durchschnitt langfristig stärker ansteigen. Dieser Effekt kann sowohl empirisch nachgewiesen als auch in der Theorie systematisch erklärt werden. Er geht darauf zurück, daß Sektoren mit starken Anteilen von personenbezogenen Dienstleistungen in Industrieländern die Tendenz haben, sich auszuweiten. Der Anteil der Arbeitskräfte, die in diesen Sektoren arbeiten, nimmt zu und ebenso deren Beitrag zum Sozialprodukt. Ursache ist der Umstand, daß die Produktivität bei der Erstellung personenbezogener, hochkomplexer Dienstleistungen weit weniger gesteigert werden kann, als das bei der Herstellung industrieller Güter der Fall ist. Während beispielsweise heute tausendmal so viele Daten in einer Sekunde übermittelt werden können wie noch vor einem Jahrzehnt, erfordert das Gespräch zwischen einer Ärztin und ihrer schwerkranken Patientin eher mehr als weniger Zeit.

Wiegt man Dienstleistungs- gegen Industrieprodukte auf, dann kosten im Zeitverlauf eine Stunde Krankenpflege, Physiotherapie oder Psychoanalyse langsam, aber stetig mehr als materielle Industrieprodukte wie Kaffeemaschinen, Kühlschränke oder Videorecorder, selbst wenn die Löhne der Krankenpfleger und der Arbeiter in der Kühlschrankfabrik sich im Gleichschritt entwickeln. Das trifft jedoch generell für alle personenbezogenen Dienstleistungen zu, ob sie nun privat oder öffentlich sind. Die Bevölkerung in den Industrieländern hat sich seit langem auf das relative Wachstum dieser Dienstleistungsbereiche eingestellt und findet dort in zunehmendem Maß Beschäftigung. Es gibt jedoch keinerlei Anhaltspunkte, die darauf schließen ließen, dieser stetige und langfristige Prozeß führe ausgerechnet im Gesundheitswesen und ausgerechnet in der Zukunft zu bedrohlichen Ausgabenentwicklungen.

Das politische Problem, das hier gelöst werden muß, ist ein anderes: da der relative Preis der Gesundheitsdienstleistungen – ohne Lohnverfall in diesem Bereich – steigt, könnten solche Dienstleistungen ohne sozialstaatliche Umverteilung nur von Empfängern überdurchschnittlicher Einkommen gekauft werden. Der Kreis dieser überdurchschnittlichen Verdiener wird jedoch immer kleiner. Bei gleicher Leistungsfähigkeit und bei Aufrechterhaltung des Ziels, alle Bürger unabhängig vom Einkommen mit medizinischen

Leistungen bedarfsorientiert zu versorgen, wird der Umverteilungs-
bedarf also eher wachsen als abnehmen. Das auf längere Sicht ab-
sehbar Krisenhafte daran ist nun, daß die Finanzierung der Gesundheitsausgaben an die Lohnquote gebunden ist, also eine tendenziell
schrumpfende makroökonomische Größe. In dem Maße, in dem
die Lohnquote sinkt (und das Gesundheitswesen weiterhin nicht re-
formiert wird), werden in periodischen Abständen »Defizite« und
Beitragssatzsteigerungen automatisch die Folge sein. Realwirt-
schaftlich ist aber eine solche Umverteilung keineswegs krisenhaft,
denn durch die weit schnellere Produktivitätssteigerung in den Bereichen der Industrieproduktion werden ausreichend viele Arbeitskräfte freigesetzt, die dann der Erstellung personenbezogener
Dienstleistungen zur Verfügung stehen könnten.

Kostenfaktor medizinisch-technischer Fortschritt?

Auch wenn es um den medizinisch-technische Fortschritt geht, wi-
derspricht die Gewißheit, mit der diesem eine stark ausgabenstei-
gernde Wirkung zugemessen wird, dem empirischen Wissen. Der
medizinisch-technische Fortschritt kann die Ausgaben durchaus in
die Höhe treiben, er muß es aber nicht. In einigen Fällen spart er sogar Kosten. Wie der medizinisch-technische Fortschritt wirkt, hängt
davon ab, in welchem wirtschaftlichen Zusammenhang er eingesetzt
wird.

Ähnlich wie in anderen technischen Industrien bestimmen in der
Medizintechnik und -chemie wenige industrielle Hersteller, wann
ihre Geräte, Medikamente und Verfahren »veraltet« sind und durch
neue ersetzt werden müssen: nämlich dann, wenn sie selbst neue anbieten, auch wenn der therapeutische Nutzen daraus entweder mi-
nimal oder gar nicht nachweisbar ist. Diese Dynamik ist primär eine
Dynamik des Geldverdienens und keine des medizinisch-technischen Fortschritts. Die primär »angebotsinduzierte Nachfrage«
nach medizinisch-technischen Leistungen erfordert eine sorgfältige,
bedarfsorientierte gesundheitspolitische Steuerung. Was geschieht
aber – gerechtfertigt von den meisten Experten – in der Gesund-

heitspolitik? Mit der Großgeräteverordnung hatte man in den 70er Jahren halbherzig eine Bremse in dieses System einbauen wollen. Diese hat ohne Zweifel versagt. Die Konsequenz der Bundesregierung bestand darin, die Verordnung 1997 ersatzlos zu streichen mit der Begründung, sie habe sich nicht bewährt. Nach dieser Logik müßte man eine defekte Bremse am Dienstwagen des Gesundheitsministers ersatzlos ausbauen, anstatt sie durch eine bessere zu ersetzen.

Ein anderes Beispiel: Die Technik der Diagnostik entwickelt sich um ein Vielfaches schneller als die entsprechenden therapeutischen Möglichkeiten, die solche Verbesserungen für die Patienten überhaupt erst sinnvoll machen. Auf diesem Gebiet wäre also kritische Wirkungsforschung, transparente Planung und Steuerung erforderlich. Viele Ausgaben für Technik und technische Verrichtungen, die nicht selten mit sinnlosen Belastungen für die Patienten verbunden sind, könnten damit vermieden werden. Da dies aber nicht geschieht, rechnet man die entsprechenden Ausgaben dem Faktor »medizinischer Fortschritt« zu und verdeckt damit das Problem.

Auch die Mehrausgaben für den doppelten Aufbau medizinisch-technischer Kapazitäten, der das deutsche Gesundheitswesen prägt, sind nicht dem »medizinisch-technischen Fortschritt« geschuldet. In Ländern wie England, Kanada oder Schweden werden viele Ressourcen mehr oder weniger exklusiv in Krankenhäusern vorgehalten, während in Deutschland auf Kosten der GKV dieselbe Ausrüstung noch einmal in den Praxen der niedergelassenen Ärzte aufgebaut worden ist und nun ausgelastet werden will. Die entsprechenden Mehrausgaben verweisen eher auf einen schwachen Staat, schlecht beratene Regierungen, hilflose Krankenversicherungen und die Macht der Sonderinteressen als auf eine technologische Entwicklung.

Völlig übersehen wird zudem häufig, daß medizinischer Fortschritt nicht nur ausgabentreibend wirken muß. Es gibt auch zahlreiche Beispiele für ein kostensparendes Potential medizintechnischer Entwicklungen. So können Herzoperationen, die früher große Öffnungen im Brustkorb erforderten, heute unter minimalen Verletzungen des Körpers mittels Kathetern durchgeführt werden, ähnliche Erleichterungen gibt es auch bei der Entfernung von Gallenblasen, bei Knieoperationen usw. Dadurch verkürzen sich die Krankenhausaufenthalte der Patienten. Wenn eine Regierung Krankenhäusern und ihrem hochspezialisierten Personal nicht die Möglichkeit gibt, einen Teil ihrer stationären Kapazitäten in solche der ambulanten Versorgung umzuwidmen, ohne sich dabei selbst wirtschaftlich zu ruinieren, dann ist auch dies nicht ein Problem des »medizinisch-technischen Fortschritts«, sondern eines der Gesundheitspolitik, die den Konflikt mit mächtigen Interessen scheut.

Aber selbst im Rahmen des bestehenden, desintegrierten Gesundheitssystems werden durch die verbesserte Medizin Menschen früher wieder arbeitsfähig, bleiben insgesamt länger »funktionsfähig«, so daß Kosten eingespart werden. Es muß also durchaus als offen gelten, in welchem Verhältnis die ausgabensteigernden und ausgabensenkenden Elemente des medizinischen Fortschritts stehen.

Die Annahme, eine Privatisierung könne in diesem Zusammenhang kostensenkend wirken, läßt sich am amerikanischen Beispiel nicht belegen. Im privatwirtschaftlichen amerikanischen Gesundheitswesen sind nicht nur die Zulieferer, sondern ein wachsender Teil der medizinischen Einrichtungen selbst Kapitalunternehmen, und die ungehemmte Entfaltung des entsprechenden Angebotes wird durch den Gesetzgeber nicht eingeschränkt (U.S. Congress 1995). Geld als quantitatives Wirtschaftsziel, so zeigt sich auch hier, signalisiert kein »Zuviel«, es gibt keine »zu hohen« Dividenden, keine »zu geringen« Betriebskosten usw. Kommerzialisierte Medizin findet in einem auf Grenzenlosigkeit eingestellten Kontext statt. Es muß unverständlich bleiben, wieso Experten gerade hiervon eine gesamtwirtschaftlich spürbare Ausgabendämpfung erwarten. Medikamente, Geräte und das hochspezialisierte Können von Ärzten sind in diesem System zunächst einmal Kapital, das investiert wird, um sich zu vermehren, und zwar tatsächlich schrankenlos.

Kostenfaktor Altersstruktur?

Dem medizinisch-technischen Fortschritt wird die Fähigkeit zugeschrieben, das Leben der Menschen zu verlängern. Kritiker sehen
darin allerdings eine zwiespältige Errungenschaft. Die gewonnenen
Lebensjahre, so ihre Behauptung, würden begleitet von einer Vielzahl chronischer Krankheiten, die wiederum die Ausgaben für medizinische Versorgung in die Höhe trieben. Diese Entwicklung
führe zwangsläufig dazu, daß die GKV auf ihrem derzeitigen
Niveau auf die Dauer nicht finanzierbar sei.

Allein schon die meist als Selbstverständlichkeit hingenommene
Behauptung, steigende Lebenserwartung verdanke sich dem medizinischen Fortschritt, bedürfte eingehender Untersuchungen und
müßte im konkreten Fall für konkrete Krankheiten nachgewiesen
werden. Wie McKeown (1982) nachgewiesen hat, kamen die medizinischen Instrumente gegen die großen Infektionskrankheiten
erst, als diese schon lange rückläufig waren. Ein anderes Beispiel
liefern McKinley et al. (1989), deren Untersuchung am Beispiel der
(rückläufigen) Sterblichkeit an der koronaren Herzkrankheit die
Rolle des medizinischen Fortschritts auch hier relativiert. Die medizinische Hilfe ist für den individuellen Patienten unerläßlich, aber
das Verdienst für die gesundheitlichen Verbesserungen der Bevölkerung insgesamt muß sie mit einer Reihe anderer Faktoren, je nach
Krankheit in unterschiedlichem Maße, teilen. Der von Gesundheitsökonomen oft noch stereotyp behauptete Kurzschluß von me-
dizinischem Fortschritt auf höhere Lebenserwartung weist auf Un-
kenntnis der wissenschaftlichen Literatur hin. Bereits 1990 warnte
der kanadische Ökonom Evans davor, das Altersargument politisch
zu instrumentalisieren[1]: »Demographische Faktoren sind ein be-
quemes rhetorisches Mittel, um die politische Aufmerksamkeit von
den tatsächlich wirksamen Kräften im Gesundheitswesen durch
einen oberflächlich plausiblen externen Faktor abzulenken.« Er
verglich die Wirkungen des Alters auf die Gesundheitsausgaben

---

1 Es dient in einigen Ländern auch dazu, die Rationierung, d. h. Verweigerung wirk-
samer medizinischer Hilfen gegenüber alten Menschen zu begründen (Kühn 1991).

zutreffend mit einem Gletscher, der zwar in einem Zeitraum von 50 oder 100 Jahren die Landschaft verändern kann, aber kurzfristig wenig Wirkungen zeigt.

Tatsächlich wurden in verschiedenen Ländern die demographie-bedingten Steigerungen der Ausgaben im Gesundheitswesen jeweils deutlich unter 1 % jährlich geschätzt. In der ehemaligen Bundesrepublik Deutschland schätzte man in den 80er Jahren eine 0,5 %ige Ausgabensteigerung (Schwartz/Busse 1994). Der SVR kam in seinem Gutachten von 1994 auf 0,5 bis 0,6 % pro Kopf und Jahr und korrigierte sich auf Werte zwischen 0,74 % und 0,86 % (SVR 1995). Selbst wenn die Prognose zuträfe, wäre sie nicht gerade dramatisch zu nennen.

Hingegen läßt sich zeigen, daß

– die Behauptung einer dramatisch ansteigenden Krankheitslast wahrscheinlich falsch ist und mit Sicherheit weit übertrieben wird;

– die Ausgaben für medizinische Versorgung nicht (bzw. zumindest erheblich weniger als angenommen) mit dem Alter steigen, sondern mit der Nähe zum Tod. Die Ausgabeneffekte steigender Lebenserwartung, bei der es sich ja um eine Verschiebung des Todeszeitpunktes handelt, dürften also ausbleiben;

– es sogar einige Hinweise gibt, die auf eine eher geringere Krankheitslast im Alter hoffen lassen.

Da die Statistik allein nicht viel erklärt, ist es notwendig, die inhaltlichen Zusammenhänge zwischen Ausgaben bzw. Verbrauch und Altersstruktur zu untersuchen. Unter zahlreichen erhellenden Untersuchungen, die mehr in die Tiefe gehen, als die statistische Faktorenanalyse es vermag, sei die von Scitovsky (1989) angeführt. Sie fragte nach den Gründen dafür, daß 6 % der Medicare-Versicherten (Sozialversicherung für Senioren in den USA) in ihrem letzten Lebensjahr 28 % ihrer lebenslangen Ausgaben verursachten. Die detaillierte Analyse der Daten von Krankenhauspatienten ergab einen Zusammenhang, der inzwischen von einer Vielzahl anderer Studien bestätigt wurde: Die Gruppe der über 80jährigen (43 %) wies erheblich weniger Krankenhauskosten (28 %) und Arztkosten (23 %) auf als die Gruppen der unter 65jährigen und der 65- bis

79jährigen Medicare-Patienten. Die intensivmedizinischen Kosten sind ebenfalls unterdurchschnittlich. Unterteilt nach ihrem funktionalen Status (z. B. danach, welche Tätigkeiten sie verrichten können) ergab sich, daß 96 % der Ausgaben für Patienten ohne funktionale Einschränkungen medizinischer Art waren, bei Patienten mit teilweisen Einschränkungen waren es 73 %, bei den gänzlich eingeschränkten Patienten nur noch 25 %. Der jeweils andere Teil sind Haus- oder Heimpflege, die mit zunehmendem Alter und schlechtem funktionalen Status überproportional ansteigen (was kein Problem der medizinischen Versorgung ist).

Was das letzte Lebensjahr angeht, so verteilt sich der überwiegende Anteil der Kosten für hochtechnologische, intensivmedizinische Behandlung auf die Gruppe der »jüngeren Alten« (65 bis 79 Jahre) bzw. der Patienten mit gutem funktionalen Status. Solche Ergebnisse hängen davon ab, wie stark Einweisung und Aufenthalt in Krankenhäusern auf diejenigen beschränkt sind, die tatsächlich auch die technischen und personellen klinischen Ausstattungen benötigen und nicht aufgrund fehlender anderer Pflegemöglichkeiten stationär versorgt werden. Wenn diese Differenzierung gesichert ist, werden die Unterschiede zwischen den Altersgruppen eher noch stärker sein. Das weist darauf hin, daß die großen Ausgabenposten der schwer und chronisch Kranken weniger vom Alter abhängen als von der Nähe zum Tod. Und – so zeigte die zitierte Fallstudie – im letzten Lebensjahr ist der medizinische Aufwand für die »jüngeren Alten« (erwartungsgemäß) deutlich höher als für die »alten Alten«, deren Belastbarkeit bei extremen Behandlungen weit höher ist.

Dieser Zusammenhang wurde inzwischen vielfach auf breiter statistischer Basis belegt und bestätigt. So ist im vergangenen Jahr der schweizerische Gesundheitsökonom Zweifel zu dem vielbeachteten (wenn auch in den englischsprachigen Ländern schon lange bekannten) Ergebnis gekommen, »daß ein systematischer Zusammenhang zwischen Alter und Gesundheitsaufwendungen nicht nachgewiesen werden kann. Dieser Befund steht in eklatantem Widerspruch zur Erfahrung der Krankenversicherer, die regelmäßig für ältere Versicherte höhere Aufwendungen ausweisen. Der Widerspruch läßt sich auflösen, wenn man sich klarmacht, daß es die

Nähe zum Tod sein könnte, welche die Gesundheitsausgaben in die Höhe treibt.« (Zweifel 1997) Da jeder Mensch nur einmal stirbt und ein hoher Mehraufwand dem letzten Lebensjahr zugerechnet werden muß, wächst dieser nicht dadurch, daß das Sterbealter sich erhöht. Man kann sogar noch hinzufügen: die Ausgaben in der zeitlichen Nähe des Todes sind sogar um so höher, je jünger die Patienten in ihrem letzten Lebensjahr sind. Die Behauptung, es kämen »bei Patienten mit höherem Lebensalter (...) lebenserhaltende Therapien zusätzlich bzw. vermehrt zum Einsatz« (SVR 1995), trifft nicht zu.

Kostenfaktor Krankheitslawine?

Obwohl Prognosen steigender Ausgaben meist mit der wechselseitigen Verstärkung der Faktoren Alter und Krankheit begründet werden, taucht die Erwartung einer künftigen Krankheitslawine auch unabhängig von der Altersstruktur auf. Im Unterschied zum Anspruchs- und Mißbrauchsstereotyp gesteht die These von der Krankheitslawine den Versicherten immerhin zu, daß hinter ihrer Inanspruchnahme tatsächliche Gesundheitsprobleme stecken. Obwohl sie nicht selten von tatsächlicher Besorgnis um die Gesundheit getragen wird, liefert sie Stoff für Vergeblichkeitslegenden: Was immer »wir« an medizinischer Versorgung finanzieren, es führt allenfalls zu einem längeren Leben mit längeren und häufigeren chronischen Krankheiten.

Das empirische Wissen über die Entwicklung der Krankheiten und deren Verteilung in der Bevölkerung (Epidemiologie) ist noch immer enttäuschend gering und läßt brauchbare Vorhersagen in der Regel nicht zu. Zusammenfassend betrachtet existieren mehr Hinweise, die auf eine Abnahme der Krankheitslast schließen bzw. hoffen lassen, als solche, die auf starke Zunahmen hinweisen würden.

Zunächst einmal muß man unterscheiden zwischen z.T. erheblichen Gesundheitsproblemen einzelner Bevölkerungsgruppen, die besonderen Belastungen durch Arbeit, Umwelt, Wohnbedingungen, familiärer Umstände usw. ausgesetzt sind, und Gesamttrends.

Während ersteres von großer Bedeutung für erfolgreiche Präventionsstrategien ist, interessieren im Zusammenhang mit der Ausgabenentwicklung nur die Gesamttrends.

Die heute dominierenden Krankheiten
– verlaufen meist chronisch und überwiegend degenerativ,
– haben meist eine lange, überwiegend medizinisch symptomlose Frühphase,
– äußern sich danach häufig nur durch subjektiv wahrnehmbare, aber hoch indikative Befindensstörungen (die in diesen Fällen keine »Bagatellen« sind),
– können nach ihrem Ausbruch medizinisch nur noch gelindert, aber nicht mehr geheilt werden und
– sind in Abhängigkeit von Lebenslage und Lebensweise sozial ungleich verteilt.

Wie die Ergebnisse mehrjähriger Mikrozensuserhebungen bis zu Beginn der 90er Jahre zeigten, sind etwa zwei Drittel der zu einem bestimmten Zeitpunkt kranken Menschen chronisch krank, bei den 15- bis 40jährigen 33 %, den 40- bis 65jährigen 72 % und bei den über 65jährigen 86 %. Nur die Minderheit der sozialversicherungspflichtig Beschäftigten erreicht einigermaßen gesund das Rentenalter, während die Mehrzahl – überwiegend aufgrund der genannten chronischen Erkrankungen – vor Erreichen des Rentenalters berentet wird oder verstirbt (Rosenbrock 1993). Unter den nicht zum Tode führenden Krankheiten vergrößern chronische Krankheiten wie degenerative Muskel- und Skeletterkrankungen sowie psychisch manifestierte Leiden und Süchte kontinuierlich ihren Anteil. Der Zugang zur Rentenversicherung wegen Erwerbs- und Berufsunfähigkeit geht zu vier Fünfteln auf Herz-Kreislauf-Erkrankungen, Rheuma, Krebs und psychiatrische Erkrankungen zurück.

In der Bundesrepublik entfallen bei durchschnittlich noch langsam steigender Lebenserwartung mehr als drei Viertel der Sterbefälle, die als vorzeitig oder vermeidbar gelten, auf die vier Todesursachen Herz-Kreislauf-Erkrankungen, Krebs, Krankheiten der Atmungsorgane und Unfälle im mittleren und jüngeren Alter. Die Sterblichkeit an den beiden häufigsten Todesursachen, Herz-Kreislauf-Erkrankungen und Krebs, nimmt ab. Beschränken wir uns auf

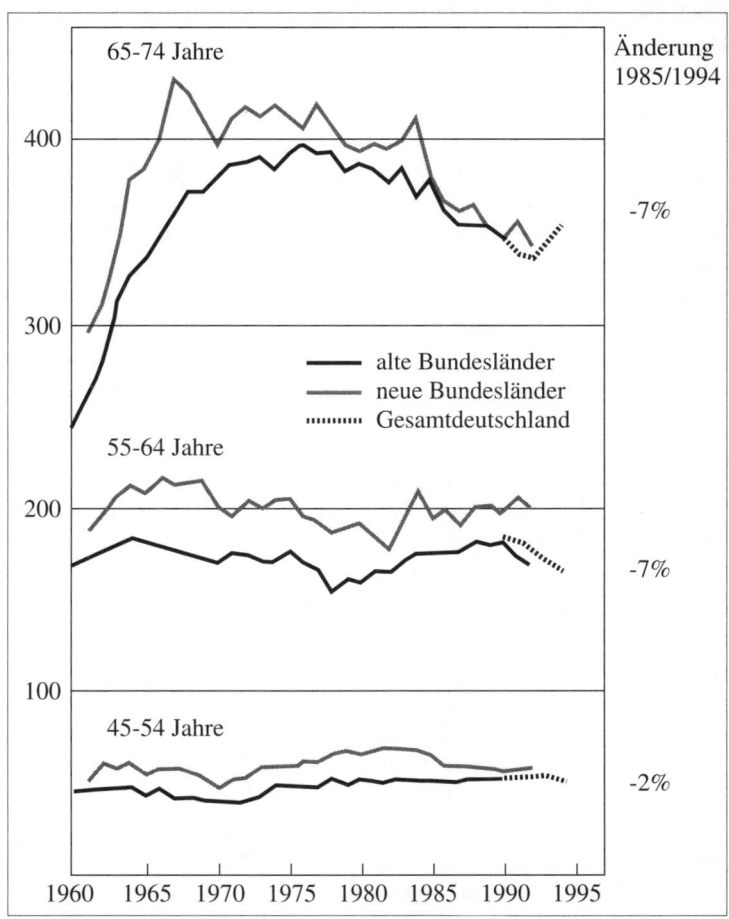

Abbildung 3.1
Lungenkrebs-Sterbeziffern im zeitlichen Verlauf bei Männern dreier
Altersgruppen und prozentuale Änderung 1985/1994
(Gestorbene je 100 000, Männer)

Quelle: Jahrbuch Sucht '97, S.27

das Beispiel Krebs. Der aktuelle Krebsatlas für die Bundesrepublik Deutschland (Becker/Wahrendorf 1997) zeigt die in den letzten Jahren erheblich gesunkene Sterblichkeit an Magenkrebs und die nur gelegentlich in letzter Zeit noch ansteigende, stagnierende oder in Untergruppen (Ost-West oder Geschlechter) sogar leicht zurückgehende Entwicklung bei Brustkrebs, Prostatakrebs oder Speiseröhrenkrebs. Dort, wo in den letzten Jahren eine Steigerung der Sterblichkeit an diesen Krebserkrankungen zu beobachten ist, war diese in der Regel auch in früheren Fünf-Jahres-Betrachtungsräumen größer als der Durchschnitt. Für Krebserkrankungen insgesamt weist der Krebsatlas bei den Männern in Westdeutschland eine seit 1990 sinkende Sterblichkeit aus, ein Trend, der bei den westdeutschen Frauen seit den 50er Jahren existiert.[1]

Auch hier verbergen sich hinter der Statistik komplexere Zusammenhänge. Lungenkrebs z. B. wird in gesundheitspolitischen Zusammenhängen häufig genannt, um auf die Wichtigkeit von Prävention hinzuweisen (Rauchen, Arbeitsplätze, Luftverschmutzung). Es gibt rund 35 000 Neuerkrankungen an Lungenkrebs pro Jahr. Da die Heilungsrate nach seiner Entdeckung sehr gering sind, kommt der Prävention besonderes Gewicht zu. Die *Abbildungen 3.1* und *3.2* zeigen die langjährige Entwicklung der Sterbeziffern an Lungenkrebs in West- und Ostdeutschland bzw. der früheren DDR.

Die *Abbildung 3.2* zeigt, wie die Sterblichkeit an Lungenkrebs bei den Männern seit der zweiten Hälfte der 60er Jahre in allen Altersgruppen und besonders deutlich bei den älteren Männern abnimmt. Bei den Frauen hingegen nimmt die Lungenkrebssterblichkeit in allen Altersgruppen zu. Bei genauerem Hinsehen erkennt man aber, daß die Häufigkeit, mit der Frauen an Lungenkrebs sterben, nur rund ein Zehntel von derjenigen der Männer beträgt, so daß für die Bevölkerung insgesamt ein sinkender Trend vorliegt. Sofern man von einer epidemischen Ausweitung sprechen will, ist das für die männliche Bevölkerung allenfalls für die Entwicklung in den 60er

1 Hierbei handelt es sich um Thesen des Epidemiologen und Sozialmediziners Dieter Borgers, die er auf der diesem Band zugrundeliegenden Tagung des Zentrums für Sozialpolitik in Bremen ausführlich vorgestellt hat. Wir stützen uns in vielen Punkten auf sein unveröffentlichtes Manuskript.

Abbildung 3.2
Lungenkrebs-Sterbeziffern im zeitlichen Verlauf bei Frauen dreier
Altersgruppen und prozentuale Änderung 1985/1994
(Gestorbene je 100 000, Frauen)

Quelle: Jahrbuch Sucht '97, S. 28

Jahren berechtigt. Bei den Frauen bedarf es einer differenzierteren und zurückhaltenderen Darstellungsweise.

Den Legenden von der altersbedingten Krankheitslawine liegt unter anderem folgender Denkfehler zugrunde. Man vermutet (wie oben zitiert der SVR), je höher die durchschnittliche Lebenserwartung werde (sie wuchs in den letzten Jahrzehnten bei Männern auf 73 und Frauen auf 80 Jahre), desto häufiger und anhaltender litten diese an chronischen Erkrankungen. Übersehen wird dabei aber die Tatsache, daß die Verlängerung der Lebenserwartung nicht vom Himmel gefallen ist, sondern hauptsächlich durch die Minderung der Häufigkeit und des Schweregrades chronischer Krankheiten verursacht worden ist und wird. Tatsächlich hat sich das Erstauftreten (Inzidenz) bzw. der Bestand (Prävalenz) schwerer chronischer Erkrankungen in ein höheres Lebensalter verschoben.[1] Aus dem gleichen Grund ist auch die Sterblichkeit an Herzinfarkt im mittleren Lebensalter zurückgegangen. Empirisch wird dies durch die Erhöhung des Durchschnittsalters von Lungenkrebserkrankten und Herz-Kreislauf-Erkrankten von 65 und 75 Jahren im Jahre 1979 auf 71 und 78 Jahren im Jahre 1995 bestätigt (Borgers 1997).

Um nicht mißverstanden zu werden: keineswegs sollen damit die Bedeutung der Erkrankung und Sterblichkeit an diesen oder anderen Leiden bagatellisiert oder Präventionsbemühungen abgeblockt werden. Im Gegenteil, es gibt einen enormen Forschungs- und Handlungsbedarf auf dem Gebiet der Identifikation von sozialen Gruppen, für die trotz abnehmenden Gesamttrends die Erkrankungs- und Sterblichkeitsrisiken noch zunehmen. Hier geht es allein darum zu zeigen, daß die Entwicklung der Morbidität kaum zu so enormen Steigerungen bei der Inanspruchnahme von Leistungen und entsprechend ausufernden Kosten führen wird, wie das interessierte Apokalyptiker darstellen.

Wenn die Verschiebung der chronischen Krankheiten in relevantem Umfang ins höhere Lebensalter insgesamt erreicht bzw. bei-

---

1 Die Ausnahme bilden Angehörige der unteren sozialen Schichten, bei denen chronische Mehrfachbelastungen bereits in der mittleren Lebensphase häufig auftreten (House 1990).

behalten werden könnte – was durch die derzeit starken Tendenzen zur sozioökonomischen Polarisierung gefährdet scheint –, nimmt, einige Faktoren vorausgesetzt (z. B. gleiche Anzahl Geborene wie Gestorbene), die Anzahl der gesunden Lebensjahre im Verhältnis zu den kranken zu und die Morbiditätslast sinkt auf längere Sicht sogar. Aber selbst wenn dies aufgrund anderer negativer Bedingungen nicht eintritt, ist die Apokalypse weit entfernt. Somit sind auch die ethisch fragwürdigen Konzepte zur »Rationierung« medizinischer Leistungen nach dem Alterskriterium haltlos.

Auch die Erhebungen zur subjektiven Bewertung des Gesundheitszustandes der Bevölkerung, der eine Bedeutung bei der Erstinanspruchnahme zukommt, bestätigt nicht die Verschlechterungsthese. Die vom Statistischen Bundesamt im Rahmen des Mikrozensus seit 1978 vergleichbar erhobene Einschätzung des subjektiven Gesundheitszustandes *(Abbildung 3.3)* zeigt, daß auch die subjektiv wahrgenommene Krankheitshäufigkeit oder -last abnimmt, und zwar in allen Altersgruppen. Auch dies wäre unerklärlich, würde man den Legenden von der Anspruchsinflation und der steigenden Wehleidigkeit im »Freizeitpark Bundesrepublik« folgen.

Ausgaben abgewälzt: Verschiebebahnhöfe

Zu den Kostenfaktoren, denen tatsächliche Bedeutung zukommt, die aber dennoch meist unerwähnt bleiben, gehört die Politik des Bundes. Für das Gesundheitswesen ist besonders das Phänomen der »Verschiebebahnhöfe« interessant. Mit dieser Politik hat der Bund des öfteren eigene Ausgaben auf die GKV abgewälzt, um im Anschluß mit Verweis auf die »Milliardendefizite« die Notwendigkeit von Einschnitten zu begründen.

Schon von der sozialliberalen Koalition wurden Lasten »verschoben«, und ihre christlich-liberale Nachfolgerin brachte diese Technik zur Perfektion. Allein zwischen 1977 und 1984 wuchs das Volumen dieser »Verschiebevorgänge« zu Lasten der Krankenkassen von 2,4 Mrd. DM auf 14,7 Mrd. DM. Maßgeblich dafür waren vor allem drei Maßnahmen (Berg 1986):

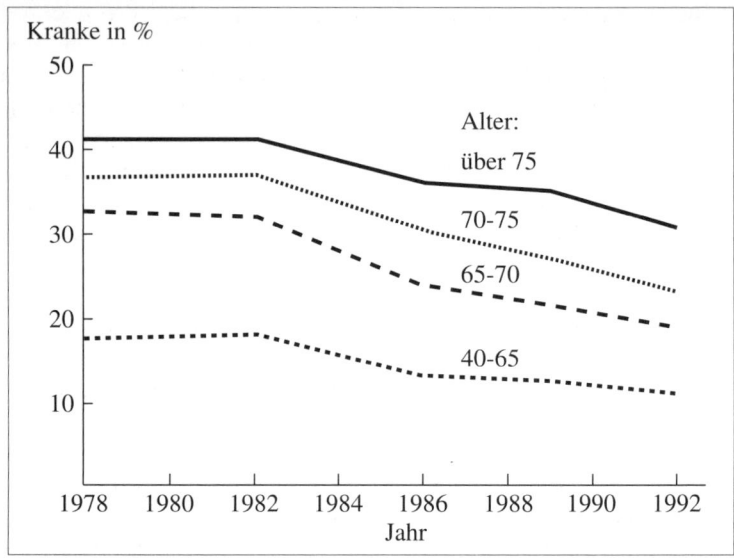

Abbildung 3.3
Gefragte Krankheitsprävalenz bei Frauen im zeitlichen Verlauf:
Prävalenz im April (1992 im Mai) des jeweiligen Jahres;
alte Bundesländer

– die Kürzung des Beitrags der Rentenversicherung zur Krankenversicherung der Rentner von 17 % auf 11 % der Renten sowie
weitere Entlastungen der Rentenversicherung, die allein für das
Jahr 1984 die Einnahmen der GKV um 12,4 Mrd. DM verringer-
ten,
– die Übernahme der TBC-Behandlung von der Rentenversicherung, was zu Mehrausgaben der GKV von 270 Mio. DM pro Jahr
führte,
– die Einführung eines Sozialversicherungsanteils bei Kranken-
geldzahlungen, die die GKV 1984 mit 605 Mio. DM belastete.

In den letzten fünf Jahren hat das Finanzvolumen des »Verschiebe-bahnhofs« einsame Höhen erreicht. Nach Berechnung des Verbandes der Angestellten-Krankenkassen (VdAK) belief sich 1997 das Ausmaß der politisch zu verantwortenden finanziellen Belastungen, denen die GKV allein seit 1993 ausgesetzt war, auf knapp 40 Mrd. DM. Allein 1997 hatte diese Art der finanziellen Belastungen der Krankenkassen ein Volumen von 16,25 Mrd. DM, was umgerechnet 0,92 Beitragssatzpunkte sind. Bei den größten Waggons auf diesem Verschiebebahnhof handelt es sich um:

– die 1992 auf Dauer beschlossene Absenkung der Bemessungsgrundlage für Krankenkassenbeiträge der Arbeitslosen von 100 % auf 80 % des letzten Bruttoentgelts. Das bedeutete für die GKV allein zwischen 1995 und 1997 einen Einnahmeverlust von 13,5 Mrd. DM,

– die dauerhafte Anhebung der Bemessungsgrundlage für die Beiträge, die Bezieher von Krankengeld an die Rentenversicherung abführen, vom Nettoentgelt auf 80 % des letzten Bruttoentgelts, was von 1995 bis 1997 ein Transfer von der GKV zur Rentenversicherung in Höhe von 3 Mrd. DM mit sich brachte,

– die Absenkung der Lohnfortzahlung im Krankheitsfall von 100 % auf 80 %, was den Krankenkassen Einnahmeverluste allein 1997 von ca. 200 Mio. DM bescherte,

– die Absenkung des Beitragssatzes der Rentner im Zeitraum vom 1. 7. 1997 bis 30. 6. 1998, die die GKV-Einnahmen um 1,4 Mrd. DM verringert.

Man sieht: »Es gibt einen Hauptkostentreiber für die GKV, und das ist der Staat. Es ist der Staat auf allen Ebenen und die Länder und Kommunen. Der Bund hat alleine den Einnahmeausfall von 6 Mrd. DM zu verantworten.« Diese klaren Worte sprach der Bundesgesundheitsminister auf dem Apothekertag am 27. 9. 1995 in München, und der muß es schließlich wissen.

Die Absicht hinter der Rhetorik

Der Ausgabenanteil am Sozialprodukt muß also auch in Zukunft keineswegs explosionsartig, auch nicht exponentiell steigen. Kurz- und sogar mittelfristig ließe er sich bei gezielten Umverteilungen und Strukturverbesserungen im Gesundheitswesen durchaus konstant halten. Die Aussagen, die über künftige Ausgabenentwicklungen gemacht werden, sind zu einem Gutteil Rhetorik im Verteilungs-kampf sowohl um den »Kuchen« der GKV als auch makroökono-misch um die Gewinne der Unternehmen. Das tatsächlich vorhan-dene Wissen reicht nicht aus, um sichere Prognosen zu machen. Es genügt aber völlig, um zu erkennen, daß die Faktoren »Relative Preise und Altersstruktur« zu moderat ansteigenden Ausgaben führen können, während zugleich aber die Faktoren »medizinisch-technischer Fortschritt«, »Integration des Gesundheitswesens« sowie »Steuerung« in die entgegengesetzte Richtung wirken kön-nen. Unvermeidlich ist lediglich der »Preisstruktureffekt«, da die Produktivität bei personenbezogenen Dienstleistungen unterdurch-schnittlich steigt. Solange jedoch die Löhne im Gesundheitswesen einigermaßen mit dem durchschnittlichen Lohnwachstum Schritt halten, resultieren daraus keine dramatischen Steigerungen. Das hat sich bis heute ganz und gar bestätigt. Die GKV könnte also auch ohne Kürzungen und weitere Zuzahlungen von dramatischen Ausgaben-explosionen verschont und somit finanzierbar bleiben.

Falls der Trend der fallenden Lohnquote anhält (für diese An-nahme ›garantiert‹ die Massenarbeitslosigkeit), steigen jedoch auch bei konstanter Ausgabenquote am Bruttoinlandsprodukt die Bei-tragssätze. Da der Bedarf an Versorgungsleistungen mit sinkender Lohnquote eher steigt als fällt, wird man das Solidarprinzip nur auf-rechterhalten können, wenn die hohen (und wachsenden) Einkom-men in den Solidarausgleich einbezogen werden und/oder von der reinen Lohnfinanzierung abgegangen wird. Die Beitragssätze wür-den darüber hinaus zweifellos weniger steigen, wenn erstens solche im Gesundheitswesen erzielten Einkommen, die weder in die Le-benshaltung der dort Arbeitenden noch in gesundheitspolitisch er-wünschte Reinvestitionen eingehen, beschränkt würden, und wenn zweitens Leistungen sinnvoll nach ihrer Wirksamkeit beurteilt werden könnten.

Ob die soziale Krankenversicherung »finanzierbar« sein wird, ist kein objektiv feststellbarer Sachverhalt, sondern Ausdruck der in einer Gesellschaft dominierenden Werthaltungen und der politisch-ökonomischen Kräfteverhältnisse. Diese Verteilungskämpfe werden häufig nicht offen ausgetragen und verbergen sich nicht selten hinter vermeintlich sachlichen Argumenten von Experten. Diese werden ihrer gesellschaftlichen Aufgabe, die Öffentlichkeit zu informieren, nicht gerecht, sei es absichtlich oder – das dürfte die Regel sein – weil sie bequeme Stereotypen übernehmen.

Ihre Argumente weisen allzuoft Merkmale auf, die vermuten lassen, daß sich ihre Beliebtheit eher politisch ideologischen als sachlichen Gründen verdankt:

– Sie werden unabhängig von Zeit, Anlaß und Nation seit Jahrzehnten von Konservativen und Wirtschaftsliberalen in den westlichen Ländern (vgl. Evans 1990) immer wieder vorgebracht, um Restriktionen im Sozialstaat zu legitimieren, sind also weder neu noch spezifisch auf eine künftige Entwicklung bezogen.

– Sie können entweder politisch nicht verändert (und damit auch nicht verantwortet) werden (Alterungsprozeß, medizinischer Fortschritt) und/oder liegen in der Verantwortung des auf den Sozialstaat angewiesenen Bevölkerungsteils (Anspruchshaltung, Mißbrauch).

Gleichzeitig enthält eine solche Rhetorik zwei unausgesprochene »herrschaftliche« Botschaften an die Bevölkerung. Die erste lautet: »Uns als Experten/Politikern sind die Hände gebunden, denn die Entwicklung ist naturgegeben.« Und die zweite lautet: »Ihr seid selbst schuld und habt die Konsequenzen selbst zu verantworten.«

Ein bedauerliches Beispiel für diese Art von Experteninformation liefert der Sachverständigenrat für die Konzertierte Aktion im Gesundheitswesen. Ihm kommt ohne Zweifel das Verdienst zu, seit seinem Bestehen der gesundheitspolitischen Öffentlichkeit immer wieder Materialien geliefert zu haben, die die Debatte hätten versachlichen können. Das gilt besonders für das letzte Gutachten 1996. Zu bestimmten Fragen werden allerdings Schlußfolgerungen gezogen, die international verfügbares Wissen, einfache Plausibilität und sogar selbst präsentierte Daten ignorieren. Von den insgesamt neun Ausgaben-Faktoren, die der SVR 1995 zur künftigen Ausgabenentwicklung der GKV erörtert, bringt er nur für zwei (Preisstruktur und Altersstruktur) überhaupt empirische Belege. Auf den Zusammenhang zwischen Todesnähe und Ausgaben, der spätestens seit 1989 in der Literatur bekannt ist, kommt das Gutachten überhaupt nicht zu sprechen. Auch die Gesundheitspolitik und andere Machtverhältnisse werden nicht erwähnt.

Während die Experten sich bei der Berechnung des Altersstruktureffekts mit Hundertsteln herumplagen, steigern sie sich bei der Prognose des gesamten Ausgabenanstiegs auf enorme Vervielfachungsraten, ohne jeglichen Beleg anzuführen. Trotz fehlender Beweise scheint ihnen nicht nur offensichtlich, daß die genannten Faktoren in einem additiven Verhältnis stehen, sondern sich »multiplizieren«, ja »in einzelnen Fällen möglicherweise potenzieren«.

»... Neue Behandlungsmethoden wecken ihrerseits zusätzliche Ansprüche an das Gesundheitswesen, die vor allem dann nach einer umgehenden Befriedigung verlangen, wenn die Patienten diese medizinischen Leistungen ohne spezielles Entgelt erhalten. Diese organisatorischen Aspekte, die als Einflußfaktoren des Ausgabenwachstums eher qualitativen Charakter besitzen, wirken ebenfalls in Kombination mit den genannten angebots- und nachfrageseitigen Determinanten auf die Ausgaben der GKV ein. Insgesamt gesehen resultiert das Wachstum der GKV-Ausgaben somit (?, d.V.) nicht nur aus einer Addition der Effekte einzelner isolierter Einflußgrößen, sondern aus einem Wirkungsgeflecht von angebots- und nachfrageseitigen Determinanten, deren Effekte sich meist multiplizieren, in einzelnen Fällen möglicherweise potenzieren.« (45)

Der kritische Beobachter muß sich fragen, welche Absichten hinter solchen unhaltbaren Behauptungen stehen, die lediglich bekannte Klischees reproduzieren.

4. Kein Volk eingebildeter Kranker –
das Märchen vom Mißbrauch

Zu den gängigen Argumentationsmustern in der Gesundheitspolitik gehört die Behauptung, die steigenden Ausgaben der Krankenkassen seien zwangsläufiges Resultat der umfassenden Absicherung der Bürger in der GKV. Diese führe zu einer »Vollkaskomentalität« und provoziere geradezu Mißbrauch von Leistungsangeboten der GKV. Dem liegt die unter Ökonomen weit verbreitete Lehre vom *moral hazard* (übersetzt etwa »moralische Versuchung«) zugrunde. Sie geht davon aus, daß jede Umverteilungsfinanzierung von Leistungen falsche Anreize enthält, ja sogar das Gegenteil ihrer gutgemeinten Absichten bewirkt, nämlich soziale Ungerechtigkeit. »Blauer Montag«, hoher Krankenstand, zu viele Arztbesuche und teure Facharztkonsultationen seien gar nicht zu vermeiden, wenn alle Leistungen von der Krankenkasse und nicht von den Versicherten selbst finanziert werden müßten.

Die These vom *moral hazard*

Grundlage dieser These ist eine von Schumpeter (1950) und Downs (1957) entwickelte »Ökonomische Theorie der Demokratie«, die davon ausgeht, daß Politik ähnlich funktioniert wie die Marktwirtschaft. In beiden Bereichen dominiere der am Eigennutz orientierte »homo oeconomicus«. Dem Politiker gehe es im Grunde nur darum, seine persönlichen Ziele zu verwirklichen, d. h. Macht, Prestige oder persönlichen Wohlstand zu erlangen. Auch den Wahlbürger als quasi Nachfrager von Politik interessiere nur der eigene Vorteil. Alle verhielten sich auch in der Politik gemäß der bereits von

Adam Smith, dem Vater der modernen Volkswirtschaftslehre, konstatierten Tauschmentalität des Warenbesitzers.[1] Anders als in dem klassischen Marktmodell von Adam Smith werden in der Demokratie die divergierenden Einzelinteressen jedoch nicht durch das Wirken einer »unsichtbaren Hand« zu einem harmonischen Ganzen gefügt, behauptet der amerikanische Politikwissenschaftler Olson. In seinem Klassiker »Theorie des kollektiven Handelns« (1968) vertritt er die Auffassung, daß kollektive Politikziele und individuelle Interessen bzw. Handlungen nicht deckungsgleich seien und sich sogar bei gemeinsamer Interessenlage der Beteiligten sehr verschieden entwickelten. Angesichts des menschlichen Strebens, zunächst den eigenen Vorteil im Auge zu haben, sei die Organisierung gemeinschaftlicher Interessen mit einem kaum lösbaren Dilemma verbunden. Die Gruppen bzw. Verbände müßten ihren Mitgliedern Vorteile bieten, die sie ohne Mitgliedschaft nicht erhalten würden. Biete eine Organisation – z. B. eine Gewerkschaft – Kollektivgüter an, z. B. das Aushandeln von Tarifverträgen für einen Betrieb oder Wirtschaftszweig, dann trete der »Trittbrettfahrereffekt« ein. Für das ökonomisch rational denkende Individuum lohne es nicht, zahlendes Mitglied dieser Organisation zu werden, da sich ohne die Beitragszahlung das gleiche Resultat ergebe. Daraus folge, daß eine Organisation, die Kollektivgüter anbietet, nur bei Zwangsmitgliedschaft überleben könne. Jeder, der von der Arbeit des Verbandes profitiert, müsse verpflichtet werden, sich an dessen Finanzierung angemessen zu beteiligen. Das wiederum provoziere eine Überinanspruchnahme der von dem Verband bereitgestellten Güter und Dienstleistungen, da jedes seiner Mitglieder versuchen würde, soviel wie möglich für das eingezahlte Geld wieder herauszuholen, schon um nicht derjenige zu sein, der weniger erhält, als er in den Fonds eingezahlt hat. Das Ergebnis dieses ökonomisch rationalen Verhaltens der Individuen sei die syste-

---

1 Adam Smith beschrieb die Sozialpsychologie des Marktes wie folgt: »Wer einem anderen einen Handel anträgt, macht ihm den folgenden Vorschlag: Gib mir, was ich will, und du sollst haben, was du willst. Das ist der Sinn jedes derartigen Anerbietens; und so erhalten wir voneinander den bei weitem größten Teil der guten Dienste, die wir benötigen.«

matische Vergeudung von Ressourcen, also aus volkswirtschaftlicher Sicht eine Irrationalität.

Olsons Modellannahmen haben sich in den vergangenen 20 Jahren zu *der* theoretischen Grundlage von Konzepten zum Abbau des Sozialstaates entwickelt. Der amerikanische Gesundheitsökonom Pauly (1968) hat daraus seine mittlerweile zum Schlagwort geronnene These vom *moral hazard* abgeleitet, d. h. einer moralischen Gefährdung der Bürger durch Sozialleistungen. Ursache für diese Gefährdung sei der Wohlfahrtsstaat und das Prinzip der Finanzierung über Umverteilung, nach dem auch die GKV vorgehen. Da die Beiträge für alle Versicherten auf der gleichen Basis festgesetzt würden, gerieten einzelne in Versuchung, mehr medizinische Leistungen nachzufragen als erforderlich. Der einzelne Versicherte könne nicht abschätzen, welche Gegenleistung ihm für seine Beitragszahlungen zusteht. Solange der Umfang der beanspruchten Leistung keinen Einfluß auf die Höhe des gezahlten Beitrages habe, werde jeder Versicherte danach streben, so viele Leistungen wie möglich zu erlangen. Aus Sicht der Theorie handelt der Versicherte ökonomisch rational: Für zusätzlich erhaltene Leistungen entstehen keine zusätzlichen Kosten. Fragt er nur in bescheidenem Umfang nach, wird er unter Umständen sogar übervorteilt, da sich andere aus seinen Beitragszahlungen bedienen. Für Pauly prägt diese eigennützige Mentalität das Verhalten aller Versicherten und führt zu einem überproportionalen, sachlich nicht begründbaren Anstieg der Krankenkassenausgaben und damit letztlich zu einer Steigerung der Beitragssätze.

Mit Abhandlungen über das *Moral-hazard*-Theorem lassen sich mittlerweile ganze Bücherschränke füllen. Von vielen Gesundheitsökonomen und Politikern wird es mit einer Selbstverständlichkeit verwendet, die Zweifel an seiner praktischen Relevanz gar nicht mehr zuzulassen scheint. Das ändert freilich nichts daran, daß ein empirischer Beleg für dieses Verhaltensmuster bei den Nutzern medizinischer Leistungen noch aussteht. Nicht von ungefähr weichen seine Epigonen auf Gleichnisse aus dem Alltagsleben aus. So illustriert z. B. der deutsche Gesundheitsökonom Herder-Dorneich (1981) seine These von der »Rationalitätenfalle« in der GKV anhand eines promilleträchtigen Betriebsausfluges. Werde ein solches Vergnügen von den Teilnehmern per Umlage finanziert, sei es für niemanden lohnend, auf ein Bier zu verzichten. Im Gegenteil, rational sei es für den einzelnen, mehr als die anderen zu trinken, um nicht hinterher derjenige zu sein, der mit seiner Einlage den Rausch der anderen finanziert hat, während man selbst noch nüchtern ist. Beliebt sind auch Beispiele aus der Hausrats- oder Kfz-Kasko-Versicherung.

Abgesehen davon, daß noch nicht einmal Betriebsfeiern stets nach diesem Muster verlaufen, fehlt jeder Beleg dafür, daß das Gesundheitswesen in dieser Weise funktioniert. Die Behauptung der »Rationalitätenfalle« im Gesundheitswesen ist an ein völlig unrealistisches Merkmal des Patientenverhaltens geknüpft. Es wird davon ausgegangen, daß die Inanspruchnahme von medizinischen Leistungen ein Genuß ist, von dem der Patient – wie manche (!) Trinker von Bier – gar nicht genug bekommen kann. Diese Annahme läßt sich ohne große wissenschaftlichen Analysen widerlegen. Schon der Hinweis auf nervende und zeitraubende Wartezeiten beim Arzt, die zweifelhaften Freuden eines Zahnarztbesuches oder den reichlich herben Genuß einer Bypassoperation sollten ausreichen. Wir werden uns im folgenden eingehend mit der anscheinend faktenresistenten Behauptung auseinandersetzen, die GKV verleite systematisch zum Mißbrauch ihres Leistungsangebotes.

Volkssport »Krankfeiern«?

Wenn es um den Mißbrauch sozialer Leistungen geht, wird kaum ein anderer Beleg so häufig angeführt wie die Arbeitsunfähigkeit aus Krankheitsgründen bzw. der Krankenstand. Vom angeblichen Mißbrauch der Leistung »Krankschreibung« bzw. »Arbeitsunfähigkeit« wird dann sehr oft auf ähnliche Verhältnisse in anderen Leistungsbereichen geschlossen.

Schon ein Blick auf die Allgegenwart und den Variantenreichtum entsprechender Etiketten zeigt die zentrale Stellung des Krankenstands für die Propagandisten der Mißbrauchsgesellschaft. Da wimmelt es von Blaumachern, wird selbst im Gewerkschaftsjargon »krankgefeiert« und – bevorzugt in Zeiten der Hochkonjunktur – der »Zusatzurlaub auf Krankenschein« genommen. Angesichts dieser Fülle von »Drückebergern an der Arbeitsfront« und »Simulanten«, entwarf das auf diesem Feld missionarisch tätige Wochenmagazin *Der Spiegel* zum vorläufig letzten gesetzgeberischen Versuch, den Mißbrauch zu stoppen, das folgende Problempanorama: »Die Krankenzahlen in Betrieben und Behörden steigen *stetig an*, und es sieht so aus, als habe das *nicht nur medizinische Gründe.* Studien und Krankheitsdaten lassen den Schluß zu, daß ein *beträchtlicher* Teil der Bundesbürger *regelmäßig* blau macht.« (*Spiegel* Heft 18/1996; Hervorhebungen durch den Autor)

In diesem Absatz werden nahezu alle Techniken eingesetzt, mit denen sich eine erfolgreiche Legende konstruieren läßt: Weder in diesem Zitat noch an einer anderen Stelle des umfangreichen Artikels werden die gravierenden quantitativen Behauptungen und Andeutungen wirklich erhärtet. Statt dessen leistet die Häufung diffuser Attribute – ein »stetiger«, »regelmäßiger« Leistungsmißbrauch durch »beträchtliche« Bevölkerungsteile – apokalyptischen Szenarien Vorschub[1]. Die ressentimentgeladene Stimmung wird durch sachliche Ungenauigkeiten verstärkt wie z. B. die Vernachlässigung des Sachverhalts, daß nur eine zahlenmäßige Minderheit der »Bundesbürger«, nämlich die lohnabhängig Beschäftigten, überhaupt »blaumachen« können.

Als der Bundesverband der Betriebskrankenkassen im Sommer 1997 seine jährlichen Daten zur Entwicklung der Arbeitsunfähigkeit vorstellte und in der Tat einen Rückgang für das Jahr 1996 meldete, werteten viele Vertreter der Mißbrauchsthese dies als Beweis für eine dramatische Trendwende. Ein Teil der Dramatik verdankte sich aber nicht den Zahlen, sondern dem Ziel, die Kürzungen der

---

1 Der unumstrittene Meister dieser Methode, bei Bedarf aus jeder Entwicklung eine apokalyptische Bedrohung werden zu lassen, ist der Dortmunder Statistiker W. Krämer. Dieser läßt praktisch keine Gelegenheit aus, nachzuweisen, daß und wie »wir« von Bedrohungen durch sozialproduktverschlingenden Gesundheitsausgaben bedroht oder durch die längerlebigen Nutznießer von Präventionsleistungen umstellt sind.

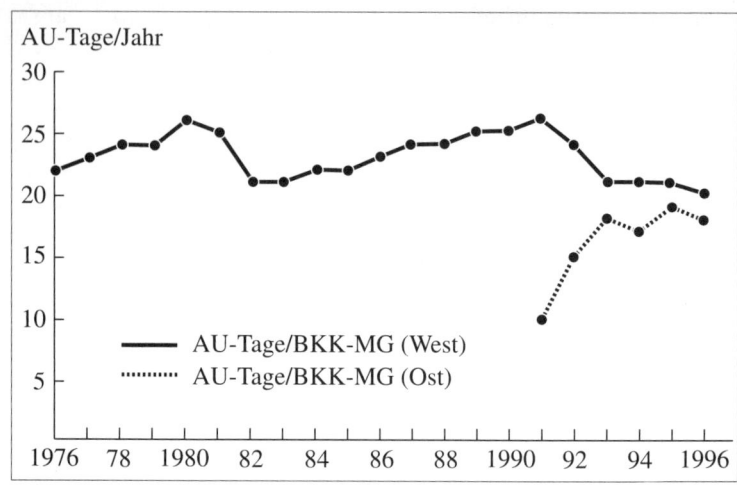

Abbildung 4.1
**Jährliche Arbeitsunfähigkeitstage pro Pflichtmitglied einer Betriebs-
krankenkasse 1976-1996 (Ost- und Westdeutschland)**
Quelle: Daten des Gesundheitswesens 1997, Daten 1996 Stand: Dezember

Lohnfortzahlung (von 100 % auf 80 %) und des Krankengeldes (von
80 % auf 70 %) zu verteidigen.

Statistisch betrachtet bestätigt die langfristige Entwicklung des
Krankenstandes bzw. der Krankschreibungen die gängigen Vor-
urteile »arbeitsscheuer« und »eingebildeter« Kranker keineswegs.
Zwei Übersichten liefern einen repräsentativen Eindruck: Erstens
die langjährige Übersicht zur Anzahl von Arbeitsunfähigkeits
(AU)-Tagen der Mitglieder aller Betriebskrankenkassen (BKK)
und zweitens die ebenfalls langjährige Übersicht zur Entwicklung
des Krankenstands aller in der GKV pflichtversicherten Personen.

Das Ergebnis ist in beiden Fällen eindeutig: Von einer stetigen
oder gar quantitativ relevanten Zunahme von Leistungsmißbrauch
oder einer dramatischen Trendwende im Jahr 1996 ist im Lichte bei-

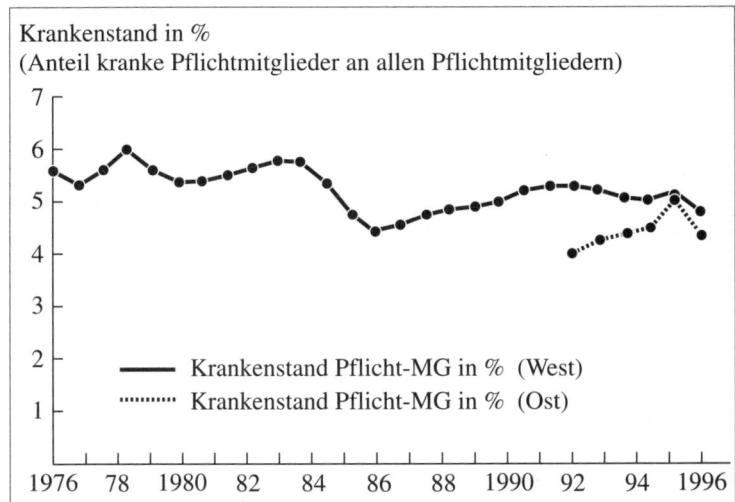

Krankenstand in %
(Anteil kranke Pflichtmitglieder an allen Pflichtmitgliedern)

— Krankenstand Pflicht-MG in % (West)
·········· Krankenstand Pflicht-MG in % (Ost)

Abbildung 4.2
Krankenstand der Pflichtmitglieder in der GKV in Prozent der Pflicht-mitglieder (Ost- und Westdeutschland) 1970-1996

Quelle: Daten des Gesundheitswesens 1997, Daten 1996 Stand: Dezember

der Indikatoren nichts zu erkennen. Mit Ausnahme der erheblichen Zunahme beider Indikatoren in Ostdeutschland für die Jahre nach 1991 schwankte die Anzahl der AU-Tage und der damit statistisch eng verbundene Krankenstand seit über 20 Jahren in einem relativ schmalen »Korridor« hin und her, ohne einen eindeutigen oder gar bedrohlich zunehmenden Trend. Es gab zuvor geringere Werte als 1996, und auf das aktuelle Inanspruchnahmeniveau wurde z. B. schon vor rund drei Jahren eingeschwenkt.

Auch der Hinweis auf deutlich niedrigere Krankenstände in anderen Industrieländern ignoriert wichtige Faktoren für die Entwicklung des Krankenstandes. Selbst wenn der internationale Vergleich von Krankenstandsindikatoren methodisch sauber möglich wäre, läßt er die spezifischen Bedingungen von Arbeit, Arbeitsorganisation oder auch Umweltfaktoren in den verglichenen Gesellschaften völlig außer acht. Typisch für die deutsche Arbeitswelt sind z. B. extrem intensivierte und verdichtete Arbeitsprozesse. Das führt im internationalen Vergleich zu einer sehr hohen Produktivität und günstigen Lohnstückkosten, bedeutet aber auch ein höheres Risiko zu erkranken.

Befindlichkeitsstörungen, die unter anderen Produktivitätsverhältnissen evtl. noch die Beteiligung am Arbeitsprozeß zugelassen hätten, gefährden bei hochintensiven Arbeitsprozessen Produktivität und Sicherheit. Daher muß auch der Zeitpunkt der Rückkehr in den Arbeitsprozeß später erfolgen. Diese Besonderheiten des deutschen Arbeitslebens machen es auch problematisch, die andernorts üblichen Zwangs- oder Anreizmethoden zu einer zurückhaltenden Inanspruchnahme von Arbeitsunfähigkeit (z. B. Karenztage) zu übernehmen. Entweder »greifen« sie unter den in Deutschland vorherrschenden Arbeitsbedingungen nicht oder sie führen zu unerwünschten sozialen und gesundheitlichen Folgen (z. B. Verschieben der Krankheitslast in die nähere Zukunft oder von der Kranken- in die Rentenversicherung).

Betrachtet man das Arbeitsunfähigkeitsgeschehen etwas näher, stößt man schnell auf Hinweise, die an einer hohen Zahl von Mißbrauchsfällen zweifeln lassen. Statt dessen scheinen viele Vertreter der Mißbrauchsthese bewußt statistische Erkenntnisse zu unterdrücken, wenn sie die beiden Indikatoren von Arbeitsunfähigkeit, die Fälle und die Tage, je nach Belieben für ihre Zwecke funktionalisieren. Die auf den ersten Blick immer hohen AU-Fallzahlen werden z. B. häufig ohne jede Differenzierung als Beleg für massenhaften und folgenschweren Mißbrauch herangezogen. Dabei wird unterschlagen, daß sich die AU-Fälle grob in zwei Gruppen aufteilen lassen, die von sehr unterschiedlicher Brisanz sind: Es gibt eine sehr große Gruppe von Fällen, bei denen sich die Krankschreibung meist nur über wenige Tage erstreckt und die daher insgesamt wenig Ausfalltage auslösen. Dies ist sicherlich aus Sicht des Arbeitgebers, der in jedem Fall einen »Springer« einsetzen muß, lästig, gesamtwirtschaftlich aber eher irrelevant. Demgegenüber steht eine sehr kleine Anzahl von Fällen, bei denen die Arbeitsunfähigkeit sehr lange dauert und die daher überproportional viele AU-Tage auf sich vereinigen.

Im Jahre 1996 führten die AU-Fälle, die länger als sechs Wochen dauerten (6 %), zu 48 % aller ausgefallenen Tage (1994: 44 %, 1995: 45 %). 27,2 % aller AU-Fälle bei den Betriebskrankenkassen hatten eine Dauer von drei Tagen und trugen »nur« zu 3,2 % aller AU-Tage bei. Weitere rd. 50 % aller AU-Fälle dauerten bis zu einer Woche und »produzierten« dabei aber nur etwas mehr als 10 % aller durch Arbeitsunfähigkeit bedingten Fehltage in den Betrieben. Schließlich rührten 14 % des gesamten Krankenstandes aller BKK-Mitglieder im Jahre 1996, d. h. aller AU-Tage dieses Jahres, allein von AU-Fällen her, die ein Jahr und länger dauerten.

Fast die Hälfte aller AU-Fälle werden also von Erkrankungen chronischer Art verursacht, die nicht mehr mit bloßem Leistungsmißbrauch oder Simulantentum zu erklären sind.

Querschnittsuntersuchungen über kurze Zeiträume, wie die soeben zitierte für das Jahr 1996, müssen sich den Einwand gefallen lassen, daß ihre Ergebnisse nicht repräsentativ sein können. Ein einzelnes Jahr kann immer eine Ausnahmeentwicklung spiegeln. Daher soll das Problem von Krankenstand und Leistungsmißbrauch abschließend am Beispiel eines längeren Zeitraums untersucht werden. Zwischen 1989 und November 1995 wurde das Verhalten von 22 432 erwerbstätigen, durchgängig versicherten Mitgliedern der Gmünder Ersatzkasse (GEK), einer bundesweiten Ersatzkasse, analysiert. Diese Versicherten konnten in einem Zeitraum von fast sieben Jahren zu jedem Zeitpunkt krank geschrieben werden, sich in einem Akut-Krankenhaus versorgen lassen oder eine stationäre Maßnahme der medizinischen Rehabilitation in Anspruch nehmen.

Geprüft wurde, inwieweit diese Personen Leistungen in den genannten Bereichen in Anspruch genommen haben. Unsere Auswertung betrachtet die Ergebnisse gezielt durch die Brille der verschiedenen Mißbrauchserwartungen. Zunächst werden die Resultate zum Bereich der Krankschreibungen vorgestellt:
– Fast alle, nämlich 92,14 % oder 20 669, der vorwiegend in der Metall- und Elektrotechnikindustrie beschäftigten Kassenmitglieder waren in den knapp sieben Jahren irgendwann minde-

stens einmal arbeitsunfähig. Bei Einjahresanalysen sind durchschnittlich nur 60 % aller Erwerbstätigen mindestens einmal arbeitsunfähig. Die krankgeschriebenen Personen hatten insgesamt 171 151 AU-Fälle. Interessant ist dabei, daß die Gruppe der Personen, die in den sieben Jahren niemals arbeitsunfähig waren, nicht sonderlich homogen ist, also z. B. nur jüngere Personen umfaßt.

– Die 20 669 Personen, die arbeitsunfähig waren, haben die Arbeitsunfähigkeit aber deutlich unterschiedlich in Anspruch genommen: 1617 Personen waren in rund sieben Jahren nur einmal und 1715 Personen zweimal krank geschrieben. »Nur« 1408 Personen waren in sieben Jahren insgesamt siebenmal, d. h. durchschnittlich einmal im Jahr, krank geschrieben. Von den 20 669 Krankgeschriebenen hatten 54,4 % in den sieben Jahren bis zu sieben Fälle. Insgesamt konzentrieren sich auf diese Gruppe rd. 64 % aller AU-Fälle. Diese Personengruppe als notorische »Blaumacher« zu charakterisieren fällt schwer.

– Noch deutlicher wird die schwache empirische Basis der Mißbrauchsmärchen, wenn wir eine realistischere Grenzmarke für Leistungsmißbrauch aufstellen. Mehr als 21 Krankschreibungen in den sieben Jahren, d. h. durchschnittlich mindestens drei »Auszeiten« pro Jahr, könnten ein hartes Indiz für fortgesetzte mißbräuchliche Inanspruchnahme sein. Dies trifft dann aber »nur« noch auf 3,9 % der insgesamt krank geschriebenen Personen zu. Mindestens zwei Drittel dieser Personen sind jedoch chronisch krank oder über einen Zeitraum krank geschrieben, der auf eine schwere Erkrankung schließen läßt (Braun/Helmert 1998). Mißbrauch kann in diesen Fällen weitgehend ausgeschlossen werden. Damit bleiben noch maximal 1,6 % übrig, bei denen von klarem Mißbrauch ausgegangen werden *kann* (nicht muß).

– Quantitativ ist ein übermäßiger Mißbrauch des Gesundheitswesen mit Hilfe von Krankschreibungen also nicht nachzuweisen. Nicht viel anders sieht es aus, wenn man untersucht, wie hoch die maximale Anzahl der Mißbraucher von Krankenhausaufenthalten und stationären medizinischen Rehabilitationsangeboten ist:

– Für die Inanspruchnahme von Krankenhausleistungen haben wir das Verhalten von 54 054 durchgängig Versicherten (erwerbstätige Mitglieder, Mitversicherte und Rentner) derselben bundesweiten Krankenkasse innerhalb der knapp sieben Jahre untersucht. Bei 61,3 % gab es keinerlei Inanspruchnahme, d. h. also nur 39,7 % oder 21 474 Mitglieder hatten überhaupt derartige Leistungen in Anspruch genommen. Davon waren 11 898 Personen einmal und 4976 Personen zweimal im Krankenhaus. Siebenmal und damit durchschnittlich einmal pro Jahr waren nur noch 572 Personen in stationärer Behandlung. Nur 1,8 % aller Personen, die in sieben Jahren überhaupt im Krankenhaus waren, waren mehr als siebenmal dort. Zieht man auch hier eine Mißbrauchsgrenze bei einer mehr als siebenmaligen Inanspruchnahme, dann redet man über einen Anteil von maximal 396 Personen oder 0,57 % der untersuchten Krankenversicherten.

– Wir verzichten auch hier darauf, die Art und die Schwere der Erkrankungen dieser Personengruppe genauer zu untersuchen. Sie wird aber in jedem Fall die maximale Anzahl der Leistungsmißbraucher erheblich zusammenschrumpfen lassen.

– Eine genauere Betrachtung der Inanspruchnahme von stationären medizinischen Rehabilitationsangeboten der Rentenversicherungsträger führt uns zu immer kleineren Zahlen. Vor allen quantitativen Betrachtungen sei daran erinnert, daß solche Leistungen nur nach einer mehrstufigen ärztlichen Begutachtung zugänglich werden. Von den 22 432 Kassenmitgliedern, die überhaupt berechtigt waren, zu jedem Zeitpunkt der sieben Jahre eine derartige Leistungen in Anspruch zu nehmen, haben dies 2782, d. h. 12,4 %, getan. Obwohl es im Untersuchungszeitraum gesetzlich möglich gewesen wäre, mindestens zweimal eine solche Leistung zu erhalten (der damalige Regelabstand zwischen zwei Rehabilitationsmaßnahmen war drei Jahre), kam dies nur bei 617 Personen vor. 2165 Mitglieder hatten eine Rehabilitationsmaßnahme und schließlich 79 sogar drei derartige stationären Aufenthalte. 9 Menschen gelang es, mehr als drei Maßnahmen in Anspruch zu nehmen. Selbst wenn mehrere Rehabilitationsmaßnahmen in diesem Zeitraum schon als Mißbrauch gelten, betreiben ihn nur so wenige der Anspruchsberechtigten, daß es keines Systemumbaus, sondern höchstens einer genaueren Einzelfall-Kontrolle bedarf, um hier eindämmend zu handeln. Diese Daten stehen jedem, der an einer Analyse von Mißbrauch interessiert ist, zur Verfügung oder sind in enger Zusammenarbeit mit Krankenkassen und Wissenschaftlern auswertbar. Würden sie genutzt, könnten laufend Annahmen zum Mißbrauch überprüft bzw. quantifiziert werden. Die geringe Zahl von Mißbrauchsfällen, die wir bei unserer Analyse identifizieren konnten, rechtfertigt die Fülle von rhetorischen und leistungsrechtlichen Interventionen nicht.

Freizeitsyndrom »blauer Montag«?

Anders als viele andere Märchen und Legenden im Gesundheitsbereich stützt sich die Behauptung, viele Arbeitnehmer nützten den »blauen Montag«, um ihr Wochenende zu verlängern, auf eine nachweisbare empirische Größe: Seit Jahrzehnten beginnen in verschiedenen Kassen, Regionen oder Berufsgruppen rund 33 % aller Krankschreibungen am Montag. Wesentlich weniger verbreitet und bedacht wird, daß ebenfalls durchweg am Samstag und Sonntag nur rd. 1 % aller Krankschreibungen stattfinden.

Diese empirischen Tatsachen bildeten den Ansatzpunkt einer Untersuchung des Wissenschaftlichen Instituts der Ortskrankenkassen (WidO) über den Mißbrauch durch Krankmeldungen am Montag (Eberle, Thimmel, Vetter 1996). Die Studie geht zu Recht davon aus, daß die Wahrscheinlichkeit, durch eine gesundheitliche Störung arbeitsunfähig zu werden, an jedem Wochentag, also auch am Wochenende, existiert. Da am Wochenende nicht die Notwendigkeit und in vielen Regionen praktisch nicht die Möglichkeit (z. B. kein oder ein unterbesetzter Notdienst) besteht, sich behandeln bzw. »krank schreiben« zu lassen, schließt die montägliche Arbeitsunfähigkeit das Arbeitsunfähigkeitsgeschehen des gesamten Wochenendes mit ein. Führt man eine »Wochenendbereinigung« der AU-Fälle des Montags durch, entfallen auf ihn in der AOK-Studie nur noch 12 % der Fälle. Im Vergleich mit allen anderen Werktagen steht der Montag dann auf dem vorletzten Rang, nur knapp vor dem Freitag (10 % der Krankschreibungsstarts).

Eine Überprüfung dieser Ergebnisse am Sample der Gmündner Ersatzkasse bestätigt diese Befunde. Innerhalb von sieben Jahren beginnt für 77,1 % der Untersuchungsgruppe mindestens einmal eine Arbeitsunfähigkeit am Montag. Auch hier ist interessant, wie viele Personen wie oft am Montag krank geschrieben werden: 4448 Personen, d. h. rund 21,5 % aller überhaupt einmal und rd. 25,7 % aller am Montag krank geschriebenen Personen hatten in den sieben Jahren eine einzige Krankschreibung an einem Montag. 16 017 Personen, d. h. 92,6 % aller an einem Montag Krankgeschriebenen, begannen maximal siebenmal in sieben Jahren an diesem Wochentag ihre Arbeitsunfähigkeit. Angenommen, bei mehr als 14 montäglichen Krankschreibungen in sieben Jahren finge der Mißbrauch an, bleiben noch 1272 oder 6,2 % aller überhaupt krank geschriebenen Personen übrig, die als »harter Kern« von »Blaumachern« angesehen werden könnten.

Die Diagnosen der AU-Fälle, die am Montag beginnen (Grobe, Dörning 1997), weisen allerdings auf einen Zusammenhang mit Freizeitaktivitäten am Wochenende hin. So beginnen z. B. »Verstauchungen und Zerrungen« mit einer AU-Dauer von bis zu sieben Tagen zu 46,4 % unerwartet (Erwartungswert: 42,9 %) zahlreich am Montag. Gleiches gilt für »Affektionen des Rückens« mit 44,2 % und »Prellungen der unteren Extremitäten« mit 43,7 % der zu Wochenbeginn attestierten AU-Fälle. Die Tatsache, daß sich diese Art akut-kurzzeitiger, schlecht zu simulierender, oft sichtbarer und ursächlich eindeutiger Verletzungen montäglich häuft, spricht gegen die Annahme, den Versicherten (wie ihren Ärzten) sei nahezu jede Diagnose recht, um »blaumachen« zu können. Die Studie mit Daten der GEK liefert auch Belege dafür, daß Umweltbedingungen den Krankenstand und auch die Erkrankungen am Montag beeinflussen. Für die Jahre 1990 bis 1995 zeigte sich ein eindeutiger Zusammenhang von Atemwegserkrankungen und jahreszeitlichen Temperaturschwankungen. Die Debatte um den blauen Montag ließe sich ohne weiteres versachlichen, wenn ihre Teilnehmer sich den Anlässen der Krankschreibungen zuwenden würden.

Die Vielzahl von Behauptungen über die Ursachen von Arbeitsunfähigkeit haben zwei Funktionen: Erstens machen sie durch eindeutige Schuldzuweisungen und die uneingeschränkte Annahme, bei den empirischen Verhältnissen handle es sich um Ergebnisse absichtsvollen Handelns, die »Opfer« verantwortlich (»blaming the victims«). Zweitens lenken sie gezielt von Ansätzen und Faktoren ab, die das Geschehen überhaupt oder zutreffender erklären könnten. Solange man die Schuldigen unter den Kranken sucht, bleiben die krankmachenden Bedingungen in der Arbeitswelt – Unfallgefahren, unangemessene Arbeitsumgebung, Überlastung, Konflikte (»Mobbing«) – ausgeblendet. Dies dürfte ein Hauptgrund für die lange Lebensdauer der Legende vom »blauen Montag« sein.

Gemeinschaftsdelikt Krankschreibungen?

Die Legende vom »blauen Montag« findet ihre gefällige Fortsetzung in der Unterstellung, ein nicht geringer Teil von Krankschreibungen gehe auf eine Art Verschwörung zwischen Arzt und Patient zurück. Die Ärzte, so die Behauptung, schrieben in erheblichem Maße aus Gefälligkeit und mit sachlich unhaltbaren Begründungen krank. Tatsächlich simulierten die Versicherten aus reiner Faulheit Erkrankungen. Die Ärzte hingegen wollten ihre Patienten halten oder seien schlicht unfähig zur Diagnose. So brisant und beeindrukkend solche Vorwürfe wirken, so schwer sind sie empirisch zu belegen. Da aber jedermann mindestens ein »Mißbrauchs-Duo« kennt, erscheint sowohl die Generalisierung plausibel als auch eine empirische Überprüfung selbst dann unnötig, wenn es an praktische Schlußfolgerungen geht.

Für eine Studie (Ferber, L. v. 1988) über die Zuverlässigkeit von Arbeitsunfähigkeitsdiagnosen wurden alle Personen, die in einem bestimmten Zeitraum von niedergelassenen Ärzten krank geschrieben worden waren, nochmals durch poliklinisch erfahrene Ärzte des Vertrauensärztlichen Dienstes untersucht. Je höher die Zahl übereinstimmender Diagnosen, desto schwerer läßt sich die Behauptung aufrechterhalten, der krank schreibende Arzt habe ein

Gefälligkeitsgutachten ausgestellt. Außerdem läßt sich durch die doppelte Untersuchung auch in Erfahrung bringen, ob der Vertrauensarzt mehr bzw. andere Erkrankungen diagnostiziert als der krank schreibende Arzt.

Bei der Beurteilung der Ergebnisse muß beachtet werden, daß der krank schreibende Arzt primär die Arbeitsunfähigkeit attestiert und dies nicht unbedingt durch detaillierte Diagnosen belegen muß oder kann. Ausländische Studien zeigen ferner, daß Diagnose und Therapie bei verschiedenen Ärzten im normalen Medizinbetrieb weit voneinander abweichen. Selbst wenn man diese Bedingungen zugrunde legt, existiert in der zitierten Studie eine enorme Übereinstimmung der Diagnosen. Damit schrumpft der mögliche Anteil des »Mißbrauchs durch Fehl- oder Falschdiagnose« erheblich zusammen. Außerdem findet sich eine hohe Quote von Unter-Diagnostik bzw. Nichtentdeckung durch die ambulanten Ärzte. Eine Reihe gravierender gesundheitlicher Probleme wird häufig bei der »normalen« AU-Diagnostik nicht entdeckt. Also könnte die schon seit Jahrzehnten geforderte strengere Überprüfung der Diagnosen von Krankschreibungen sogar zu zusätzlichen Krankschreibungen führen.

Zu den wenigen Versuchen der Institutionen sozialer Sicherung, die Existenz von Leistungsmißbrauch zu überprüfen, gehört das Projekt PAULA (Projekt Arbeitsunfähigkeit / Länderübergreifende Auswertung) des Medizinischen Dienstes der Krankenkassen (MDK), das 1994/95 in fünf Regionen verschiedener Bundesländer durchgeführt wurde (Hein 1996; o.V. 1996, Gensch 1997). In diesem Modellversuch wurden nach jahrelanger Kritik insbesondere der Arbeitgeber, der MDK nehme seine Kontrollpflichten nicht ernst genug, 13 119 AU-Fälle mit einer Dauer von mehr als 22 Tagen gründlich kontrolliert. Die ärztlichen Experten des MDK kamen zu folgendem Ergebnis:

- Die Ärzte des MDK hegten in einem ersten Überprüfungsschritt bei 5 % der Fälle, d. h. bei 656 Personen, einen »Verdacht auf medizinisch nicht begründete Arbeitsunfähigkeit«.
- Von diesen darauf zur weiteren Prüfung eingeladenen Personen erschienen 32 %, d. h. 210, beim MDK. Der Rest nahm in der Zeit

zwischen Einladung und Kontrolltermin wieder die Arbeit auf, was bei einer Arbeitsunfähigkeitsdauer von mehr als 22 Tagen sehr naheliegt, oder ignorierte die Einladung. Es ist wohl unzulässig, diesen 446 Personen pauschal Leistungsmißbrauch vorzuwerfen.

– 17 % der erschienenen Personen, d. h. 36 Menschen, wurden als arbeitsfähig beurteilt. Das Ergebnis dieser aufwendigen Überprüfungsaktion lautet also, daß bei 36 von 13 119 Arbeitsunfähigen, d. h. bei 0,3 %, nachgewiesen werden konnte, daß die Arbeitsunfähigkeit medizinisch nicht begründet war. Selbst wenn man unterstellte, die 446 Personen, die nicht mehr zur Untersuchung erschienen waren, seien Simulanten gewesen, beträgt die Mißbrauchsquote maximal 3,7 %. Wie vielen Personen eine vielleicht medizinisch angezeigte Krankschreibung nicht gewährt oder erst gar nicht angeregt wurde, ist nicht untersucht worden.

Wie sieht es aber mit der Erpressung durch Patienten und der Erpreßbarkeit von Ärzten als Grundlage für eine Art »einverständlichen Leistungsmißbrauch« aus? Die bisherigen Berechnungen zeigen, daß diese Variante des Mißbrauchs unwahrscheinlich bzw. quantitativ zu vernachlässigen ist. Trotzdem können sowohl viele Patienten wie auch viele Ärzte spontan eine Fülle von Beispielen anführen, so daß der Eindruck entsteht, derartige Methoden seien allgegenwärtig. Direkte systematische Untersuchungen, ob und in welcher Weise diese Einzelfälle verallgemeinert werden dürfen, gibt es allerdings nicht.

Ein mehrjähriger Modellversuch ging der Behauptung nach, viele Ärzte seien gezwungen, zu viele und qualitativ fragwürdige Medikamente zu verschreiben, um die Abwanderung ihrer Patienten zu verhindern. Der Versuch überprüfte die Verordnungen der Ärzte einer Region und nutzte dieses Wissen, um die Ärzte über ihre Möglichkeiten einer rationalen Pharmakotherapie zu beraten. Außerdem ging der Modellversuch der Frage nach, wie Patienten reagieren, wenn Ärzte nach einem ausführlichen Gespräch mit dem Patienten weniger Arzneimittel verordneten als bisher. Tatsächlich verloren Ärzte, die Medikamente sparsamer verordneten, insgesamt kaum »alte« Patienten, ja sie gewannen gegenüber ihren KollegInnen, die nicht zu den sparsamer verordnenden Ärzten gehörten, sogar einige neue Patienten hinzu. Nur in der Altersgruppe der über 70jährigen Patienten sehen die Abwanderungsverluste der sparsamer verordnenden Ärzte etwas größer aus, ohne daß dies aber zu einem negativen Saldo von Patientengewinnen und -verlusten führte (Dornier 1990).

Das Ergebnis ist also eindeutig: Eine qualitativ orientierte Analyse und Beeinflussung der Verordnung von Arzneimitteln scheitert weder an der Kooperationsunfähigkeit von Ärzten und Krankenkassen noch gar an Erpressungsversuchen der Patienten. Die von und für die Ärzte beschworenen Gefahren, durch eine fachlich geleitete Zurückhaltung gegenüber Patientenwünschen eine existenzgefährdende Anzahl von Patienten zu verlieren, existieren offensichtlich nicht im erwarteten Maße. Unabhängig davon, ob Begehrlichkeiten nach Medikamenten tatsächlich existieren, erweist sich die Mehrheit der Patienten als überzeugungsfähig und einsichtig.

Ansturm der Hypochonder?

Beliebt ist das Klischee einer Gesellschaft von wehleidigen Sozialversicherten, deren Mitglieder wegen jeder Kleinigkeit zum Arzt rennen oder sich über Gebühr für alle Fälle durchchecken lassen. Inbegriffen ist der Vorwurf, die Krankenversicherten würden vorschnell und unnötig Experten konsultieren. Je greller und bedrohlicher die Behauptungen wirken, desto seltener oder karger sind auch hier seriöse Belege für die Existenz und den Umfang derartiger Verhaltensweisen.

Die Verallgemeinerung von Einzelfällen und der Mangel an Fakten lassen sich gewiß nicht nur auf die fehlende Bereitschaft zurückführen, sich mit Problemen sachlich auseinanderzusetzen. Es gibt leider oder bezeichnenderweise über die Inanspruchnahme von Leistungen im deutschen Gesundheitswesen keine *systematische* und *dauerhafte* Statistik[1], und das trotz der seit Jahrzehnten be-

---

1 Der Münchner Ökonom Günter Neubauer, langjähriges Mitglied des Sachverstän-

schworenen Bedrohung, die eine ungesteuerte Leistungsentwicklung für die Lage und Zukunft des Gesundheitssystems bedeutet.

Die wenigen regional oder zeitlich begrenzten empirischen Untersuchungen belegen, daß Leistungen im Gesundheitswesen sehr differenziert und keineswegs exzessiv in Anspruch genommen werden: Mehrere Analysen in den 80er Jahren zeigten, daß Menschen mit Krankheitsepisoden keineswegs beim geringsten Wehwehchen sofort einen Arzt oder andere teure Experten aufsuchen. Das Gegenteil ist richtig: 60 bis 80 % dieser Personen kommen mit ihren gesundheitlichen Problemen nie zu Ärzten (Troschke 1981; Grunow 1988). Die Mehrheit der Ereignisse wird durch gesellschaftliche bzw. familiäre Selbsthilfe bewältigt. Verschiedene Gesundheitswissenschaftler sprechen angesichts dieser und aktuellerer Zahlen sogar schon von einer gesundheitsgefährdenden Unter-Inanspruchnahme von Leistungen des Gesundheitssystems.

Im Jahre 1995 widmeten sich z. B. rd. 67 500 Selbsthilfegruppen der eigenverantwortlichen Bewältigung von Krankheit und der Förderung von Gesundheit. In diesen Gruppen befanden sich ca. 2,65 Millionen Mitglieder vorübergehend oder dauerhaft (Kettler, v. Ferber 1997, 227)[1]. Diese Zahlen dürften in Zukunft eher wachsen als abnehmen.

In einer Bevölkerungsbefragung des Statistischen Bundesamtes (Mikrozensus) aus dem Jahr 1992 gaben 30 % der Beamten und Angestellten und 30 % der Arbeiter an, sich trotz vorliegender Erkrankung oder Verletzung zur Arbeit zu begeben. Dieses Volumen wird durch eine Bevölkerungsumfrage in Bremen aus dem Jahre 1993 bestätigt. Rund 40 % der über 4000 Befragten gaben an, trotz des Gefühls »richtig krank«, d. h. bettlägrig oder behandlungsbedürftig zu

digenrats der Konzertierten Aktion im Gesundheitswesen, weist angesichts der beträchtlichen Informationslücken auf die nahezu zwangsläufigen Verhaltensauswirkungen hin: »Ich will aber keine Selbstverantwortung im Nebel, sondern möglichst bei Licht.« »Aber über die Leistungen wissen wir nichts. Deshalb zieht für mich der ganze Appell an die Selbstverantwortung erst, wenn derjenige, der die Verantwortung übernehmen soll, auch die nötigen Informationen erhält.« (*Ärztliche Praxis* vom 22. 7. 1997)

1 Einen guten Überblick zur Organisation und zu den inhaltlichen Schwerpunkten der Selbsthilfegruppen geben z. B. Braun, Kettler, Becker 1996.

sein, nicht der Arbeit fernzubleiben. Wie stabil der Trend zu einem Inanspruchnahmemuster ist, das eher durch Unter- als Über-Inanspruchnahme geprägt ist, zeigt auch eine aktuelle Befragung (1997) im Auftrag der DAK. 61 % der Befragten hatten im letzten halben Jahr keinen AU-Tag; mehr als die Hälfte (58 %) gingen zur Arbeit, obwohl sie sich krank fühlten (bei Magen-Darm-Erkrankungen 35 %, Fieber 32 %, Erkältungen/Kopfschmerzen 2 bis 6 %). Als Motiv für ihr Verhalten gaben 70 % Angst um den Arbeitsplatz und 32 % die intensive Krankenstandsdiskussion im Betrieb an (*Ärzte Zeitung* 18. 7. 1997).

Eine in ihrer inhaltlichen Differenzierung immer noch einmalige Analyse der Leistungsdaten einer Krankenkasse zu Beginn der 80er Jahre gewährte Einblicke in das Verhalten der Versicherten. Sie belegt mehrere Dinge: Erstens bestätigt sie die Tendenz zu einer wesentlich geringeren Inanspruchnahme, als die »Mißbrauchs«-Annahmen erwarten ließen, sowie zweitens eine beträchtliche Ungleichverteilung der Inanspruchnahme des Versorgungssystems, womit sie drittens auf ungleich verteilte gesundheitliche Risiken hinweist.

Tabelle 4.1 zeigt, daß große Teile der Versicherten während eines gesamten Jahres überhaupt keine Leistungen in Anspruch nahmen, mit der scheinbar großen Ausnahme der ambulanten Behandlung. Wenn also über mißbräuchliche oder allzu wehleidige Inanspruchnahme von Krankenhausleistungen oder Heil- und Hilfsmitteln geredet wird, betrifft das maximal 10,9 % bzw. 20 % der Versicherten, und dabei ist noch keinerlei Information über Art und Schwere der Erkrankungen verarbeitet. Die scheinbar gegenläufigen Zahlen bei der ambulanten Behandlung und einem ihrer bedeutendsten Schwerpunkte, der Arzneimittelversorgung, erscheinen sofort in anderem Licht, wenn wir sehen, daß sich die Ausgaben ungleich verteilen. Es ist also nicht so, daß alle oder die meisten Versicherten gleichförmig eine Grundmenge ambulanter Leistungen in Anspruch nehmen und dadurch Kosten verursachen. Vielmehr entfallen bereits 35,1 % der Ausgaben für ambulante Versorgung und sogar schon 51,1 % aller Ausgaben für Arzneimittel auf je 10 % der Versicherten. Die Unterschiedlichkeit der Aufwendungen zeigt

Tabelle 4.1

Inanspruchnahme medizinischer Leistungen in der AOK Lindau 1980/81 (Berg 1986, 80)				
Leistungsart		25 %	10 %	1 %
	Versicherte ohne Inanspruchnahme (in %)	aller Versicherten beanspruchen folgende Anteile an den Ausgaben (in %)		
ambulante Behandlung	7,9	65,5	35,1	6,1
zahnärztliche Behandlung	55	87	54,9	10,9
Arzneimittel	15,7	78,8	51,1	12,1
Heil- und Hilfsmittel	80	100	79,4	26,6
Zahnersatz	87,3	100	98,6	38,7
stationäre Behandlung	89,1	100	99,6	38,3

eine beträchtliche Ungleichheit der Betroffenheit oder eine Kumulation von gesundheitlichen Problemen und Leiden bei relativ wenigen und dann meist chronisch kranken Personen.

Ausgewählte Versuche, die Lindauer Daten zu aktualisieren, zeigen, daß sie in den Grundzügen nach wie vor Gültigkeit haben. Bei der Analyse der Inanspruchnahme stationärer Leistungen durch Versicherte einer bundesweiten Ersatzkasse im Jahre 1992 (Schwartz, Busse 1994) finden sich noch mehr Personen, nämlich 90,9 % der Versicherten, die in jenem Jahr nicht in stationärer Behandlung waren. Auch die Konzentration der finanziellen Aufwendungen auf sehr wenige Personen ist eher noch ausgeprägter: Auf 1 % der Versicherten entfielen nämlich 43,9 % aller Krankenhausausgaben.

Ohne eine weitergehende Differenzierung nach Leistungsarten bestätigten Pfaff, Busch und Rindsfüßer (1994) auch für das Jahr 1991 die beträchtliche Unterschiedlichkeit der Leistungsausgaben.

In Westdeutschland vereinte die eine Hälfte aller Mitglieder 7,7 % aller Leistungsausgaben (ohne die Kosten für Dialyse und Mutterschaft) auf sich und die andere Hälfte entsprechend 92,3 %. Die Unterschiede werden noch deutlicher, wenn wir sehen, daß 90 % der Mitglieder mit geringer Inanspruchnahme immer noch weniger als die Hälfte, nämlich 47,3 % aller Leistungsausgaben, benötigten und die restlichen 10 % mehr als deren Hälfte. Nur 5 % der Vielfach-Inanspruchnehmer verbrauchten dagegen 37,6 % der Ausgaben für ihre Behandlung.

Welche materiellen und immateriellen Anreize bei der Art und dem Umfang der Inanspruchnahme ambulanter Leistungen im deutschen Gesundheitssystem wirklich wirken und vor allem, wie sich diese Inanspruchnahme innerhalb der letzten 10 bis 15 Jahre tatsächlich entwickelt hat, läßt sich schließlich aus der Fallzahlstichprobenanalyse von WidO und ZI[1] entnehmen. Auch sie, das kann vorweggenommen werden, verweist auf ganz andere »Akteure des Mißbrauchs«, als das die Behauptung von den eingebildeten Kranken suggeriert.

Die Stichprobenanalyse arbeitet mit wichtigen Indikatoren der Versorgungsstatistik, deren Entwicklung über den Zeitverlauf in der *Abbildung 4.3* dargestellt wird.

- Der Indikator *Primär-Inanspruchnahme* zeigt einen erstmalig mit Krankenschein oder Versichertenkarte erfolgten Besuch eines Arztes an.
- Der Indikator *Sekundär-Inanspruchnahme* zeigt eine Folge-Inanspruchnahme der Erst-Inanspruchnahme eines niedergelassenen Arztes bzw. die Inanspruchnahme aufgrund der Überweisung eines anderen Arztes an.
- Hinzu kommen noch Angaben zur *Anzahl von Versicherten und Ärzten*, die beide wichtige und anerkannte Determinanten des Volumens der Inanspruchnahme von Leistungen sind.

Zum weiteren Verständnis der Zahlenreihen sind zwei Hinter-

1 Hier handelt es sich um eine stichprobenartige Datenziehung für wichtige Struktur- und Entwicklungsmerkmale der ambulanten Versorgung, die seit Beginn der 80er Jahre in einem Kooperationsprojekt von den beiden Instituten, also dem Institut des AOK-Bundesverbandes und demjenigen der KBV, durchgeführt wird.

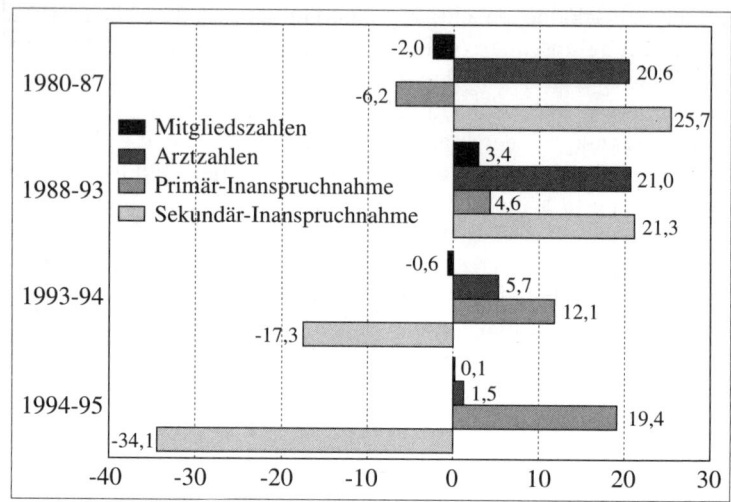

Abbildung 4.3
Entwicklung von Inanspruchnahme (Original- und Überweisungs-
schein), Arzt- und Fallzahlen und Mitgliedern von 1980 und 1995
Quelle: WIdO/ZI-Fallzahlstichprobe in ausgewählten Kurven, eigene Zusammenstellung

grundinformationen wichtig: Der Gesetzgeber ermöglichte es letzt-
malig 1993, daß sich Ärzte relativ unreglementiert ambulant nie-
derlassen konnten, und löste damit eine auf wenige Monate
beschränkte Niederlassungswelle aus. Die meisten Versicherten
erhielten ihre Versichertenkarte im Austausch mit dem alten Krankenschein in den Jahren 1994 und 1995.

Die Primär-Inanspruchnahme, die als grober Indikator für eine
nachfragegesteuerte Inanspruchnahme von Leistungen dienen
kann, nimmt auf dem bis 1980 erreichten Niveau anschließend erst
einmal viele Jahre kaum weiter zu. Für den Untersuchungszeitraum
1980–1993 folgt sie mehr oder weniger der Anzahl der Mitglieder in
der GKV und nahm u. a. deswegen in den ersten sieben Jahren sogar ab. Anders sieht es bei der Sekundär-Inanspruchnahme durch

Überweisungen aus. Diese sogenannten veranlaßten Leistungen sind quantitativ völlig von der Anzahl der GKV-Mitglieder und deren Primär-Inanspruchnahme entkoppelt, hängen aber ersichtlich mit der Entwicklung der Anzahl der Ärzte zusammen. Auch die Entwicklung der Fallzahlen der ambulant-kurativen Versorgung folgt den Arztzahlen, wenngleich in geringerem Umfang. Selbst wenn man zugesteht, daß die Patienten an der Einleitung von Überweisungen durch den primär konsultierten Arzt beteiligt sind, belegt die Inanspruchnahmestatistik für den Zeitraum 1980 bis 1993 nicht die These einer nachfragerinduzierten Leistungsausdehnung, sondern vielmehr die von der anbieterinduzierten Nachfragesteuerung.

Seit 1993 ändert sich das Bild beträchtlich. Treiben die Versicherten nach langen Jahren der offenkundigen Zurückhaltung nun mittels der Versichertenkarte und per Doktor-Hopping und -shopping die Nachfrage in die Höhe? Die Anzahl der Mitglieder und Ärzte hat sich seit 1993/94 wenig verändert. Eine anhaltende Expansion beider oder einer der beiden Gruppen kann daher auch nicht zur Erklärung der laufenden Entwicklung der anderen Indikatoren bemüht werden. Dies heißt aber nicht, daß die bei den Arztzahlen zuvor stattfindende Zunahme der niedergelassenen Ärzte nicht fortwirkte.

Die Entwicklung beider Inanspruchnahme-Indikatoren ist ausgesprochen dynamisch, aber interessanterweise gegenläufig. Einer kräftigen Zunahme der Primär-Inanspruchnahme steht in den Jahren 1994 und 1995 jeweils eine kräftige Abnahme der Sekundär-Inanspruchnahme gegenüber. Dieser Trend scheint sich nach vorläufigen Erkenntnissen auch 1996/97 fortzusetzen.

Diese Zahlen zeigen, daß viele Patienten direkt den Facharzt konsultieren, statt sich zunächst von einem Allgemeinmediziner eine Überweisung ausstellen zu lassen. Das Gesamtvolumen der Inanspruchnahme ist dabei weitgehend stabil geblieben, lediglich bei der Art der Inanspruchnahme hat es Verschiebungen gegeben, d. h. die Versicherten setzen Prioritäten zugunsten der Fachärzte. Kritisch anzumerken wäre, daß dieser schnelle Gang zum Facharzt auch negative gesundheitliche Folgen für komplex erkrankte Personen haben kann. Es gibt jedoch keinen Grund, den Versicherten ein Verhalten vorzuwerfen, das das einzig gewünschte, wirksame und wirtschaftliche zu sein scheint.

Arzt-Hopping und Leistungs-Shopping per Karte?

Dank einer technischen Neuerung in der GKV, der Ablösung des alten Krankenscheins durch eine elektronisch lesbare Krankenversichertenkarte, wurde der Legendenstrauß durch eine bunte Neupflanze angereichert. Unterstützt durch die neue Technik, greifen angeblich »Arzt-Hopping« und »Leistungs-Shopping« um sich. Für eine nennenswerte Existenz derartiger flexibler Mißbrauchsstrategien gibt es nach Untersuchungen des Wissenschaftlichen Instituts der Ortskrankenkassen (WidO) keinen empirischen Beleg. Vielmehr sei es »unwahrscheinlich«, daß von Versicherten Ärzte-Hopping betrieben würde, um die Anzahl der Verordnungen von Arzneimittel zu maximieren (*Die Ortskrankenkasse* Heft 8/1997).

Die »Geburt« der Hopper- und Shoppergeschichten, die um die Versichertenkarte kreisen, ist allerdings ein interessantes Beispiel für die Dürftigkeit und Unsinnigkeit dieser Art von Legenden und Klischees. Wie auch schon bei anderen Legenden lieferte der *Spiegel* (23. und 30. 6. 1997) eine griffige, empörende und scheinbar empirische Basis für wilde Hochrechnungen und Assoziationen. Ein anonym auftretender, tagebuchschreibender Urologe berichtete aus »einer mittelgroßen deutschen Stadt« für das Nachrichtenmagazin vom schwunghaften Bahnhofshandel mit Versichertenkarten und den »Chipkarten-Touristen«. Wenige Tage später steuerten Vertreter der Caritas die Geschichte von einem schwunghaften Karten-Handel in Stuttgart bei, und der Geschäftsführer der dortigen Kassenärztlichen Vereinigung wußte von einem Patienten, der in drei Monaten 57 Ärzte konsultiert hatte (*Stuttgarter Zeitung* v. 7. 7. 1997)[1].

---

1 Der Patient mit den 57 Arztbesuchen wurde wenige Wochen später in der *Bild*-Zeitung (31. 10. 1997) erneut angeführt, dieses Mal befand sich sein Wohnsitz aber nicht in Stuttgart, sondern in Dortmund. Bei dieser Art von wandernden Beweisen und Belegen stellt sich die berechtigte Frage, wie es eigentlich zu der in derselben *Bild*-Mel-

Der Geschäftsführer der AOK Baden-Württemberg sprach daraufhin zwar von »unbewiesenen Vorwürfen«, bot aber trotzdem auf »freiwilliger Basis«, wenngleich mit leichtem moralischen Druck (»wer nicht mitmacht, hat wohl etwas zu verbergen?«) an, ein Pilotprojekt »Versichertenkarten mit Personenphoto« einzuführen.

Durch stete Wiederholung und anekdotische Anreicherung wurden in diesem Beispiel Einzelfälle zu einer bedrohlichen Entwicklung stilisiert. Angesichts des geschickten Zitations-Karussells wagte niemand mehr, an der Existenz des Problems zu zweifeln. Das vorschnelle Angebot von Kassen und anderen Akteuren, das noch nicht einmal richtig zu quantifizierende Problem »in den Griff zu kriegen«, läßt jede Frage nach Art und Umfang des Mißbrauchs müßig erscheinen.

Schnell war vergessen, daß eine Untersuchung über den Mißbrauch mit Chipkarten gleich nach ihrer Einführung nur marginale Hinweise auf eine mögliche Gefahr erbracht hatte. Das Zentralinstitut (ZI) für kassenärztliche Versorgung der KBV und der WIdO hatten 1995 Ärzte in drei Kassenärztlichen Vereinigungen befragt. Davon war 93 % keinerlei Mißbrauch aufgefallen. Überhaupt nur 7 % der Ärzte wußten von Mißbrauchsfällen zu berichten. Diese kleine Anzahl von Ärzten nannte so wenige Einzelfälle, daß das Deutsche Ärzteblatt auf eine bundesweite »Betrugsquote« von 0,014 % (dpa v. 8. 11. 1995) kam.

dung zitierten Größe von »2 Millionen herrenloser Chipkarten«, d. h. Versichertenkarten, gekommen sein mag.

5. Ein Spiel mit der Angst – das Märchen von der Gefährdung des Standortes

Den Wirtschaftsliberalen in der Bundesrepublik[1] ist es gelungen, den »Standort Deutschland« als ein zentrales Problem im öffentlichen Bewußtsein zu etablieren. Mit der Wettbewerbsfähigkeit eines Standorts ist dessen Attraktivität für Kapitalanleger und die Verkäuflichkeit der an ihm hergestellten Produkte auf dem Weltmarkt gemeint. Die große Aufmerksamkeit und Besorgnis für dieses Problem in der breiten Öffentlichkeit verdankt sich der Befürchtung, mit einer Verschlechterung des Standorts Deutschland seien Beschäftigung und soziale Sicherheit noch weiter gefährdet. Die Legitimationsfigur »Standort Deutschland« selektiert, gewichtet und verformt nahezu alle öffentlichen Angelegenheiten. Ob ein gesundheitliches, soziales, rechtliches oder auch außenpolitisches Problem die Chance hat, in der politischen Arena thematisiert zu werden, entscheidet sich nicht zuletzt an den voraussichtlichen ökonomischen Folgen für den Standort Deutschland.

Die Standort-Deutschland-Rhetorik erlaubt ihren Vertretern, nicht frontal gegen den Sozialstaat argumentieren zu müssen. Es gehe, so heißt es, nicht um dessen Abbau, sondern allein um seine Anpassung (»Umbau«) an die ökonomischen Herausforderungen. Angesichts der harten Weltmarktkonkurrenz führten die vom Sozi-

---

1 Die wirtschaftsliberale Ideologie in ihren populären Erscheinungsformen hat derzeit eine solche Hegemonie, daß sie nicht allein der FDP und (mit Abstrichen) der CDU vorbehalten ist. Zumindest Elemente (z.B. die umstandslose Gleichsetzung von niedrigen Lohnkosten und »schlankem Staat« mit einer gesunden Wirtschaft) werden auch von Oppositionsparteien und Gewerkschaften propagiert. Häufig versuchen selbst Gegner der antisozialstaatlichen Politik ihre Opposition mit »angebotstheoretischen« Versatzstücken zu legitimieren.

alstaat ausgehenden Gefährdungen für die Wirtschaft zu einer Bedrohung der Arbeitsplätze und damit nicht zuletzt des Sozialstaats, die weit schlimmere Folgen nach sich zöge als die aktuell zur ihrer Abwendung notwendigen Einschnitte. Die Ängste der Menschen vor Arbeitslosigkeit und ihre soziale Unsicherheit werden so zum Stachel für die Mobilisierung gegen den Sozialstaat.

Angesichts dieses bedrohlichen Szenarios setzen die Standort-Theoretiker auf unbedingtes Wachstum. Wachstum allein sichere Beschäftigung und damit wirtschaftliches Auskommen für die Masse der Bevölkerung. Als Voraussetzung für ein stetes Wachstum gilt ein gutes Investitionsklima. Die für unseren Zusammenhang wichtigsten Forderungen für die Förderung des Investitionsklimas sind:

– Die Löhne müssen sinken, und zwar sowohl die individuell ausgezahlten als auch die im Staatshaushalt und in den Sozialversicherungen zentralisierten, über Steuern und Beiträge eingesammelten Bestandteile.

– Die staatliche Regulierung ist zugunsten unternehmerischer Betätigungsfreiheit abzubauen.

– Würden diese Imperative ignoriert, so argumentieren neoliberale Ökonomen, bedrohten die Mechanismen des Weltmarktes – Stichwort Globalisierung – den Standort Deutschland: Kapital und Arbeitsplätze würden exportiert, eine Konsequenz, die durch Politiker nicht beeinflußt und damit auch nicht beantwortet werden kann.

Für die Gesundheitspolitik ziehen die Standort-Theoretiker folgende Schlüsse: Die Beiträge zur GKV seien Teil einer permanent steigenden Abgabenlast der Wirtschaft. Sie verteuerten den Faktor Arbeit, trieben damit die Kosten deutscher Produkte auf dem Weltmarkt in die Höhe und setzten die Wettbewerbsfähigkeit des Wirtschaftsstandorts Deutschland aufs Spiel. Weitere Arbeitslosigkeit, Wachstumsverluste, Steuermindereinnahmen usw. seien die Folge. Damit, so die Verfechter der Standort-These, werde letztlich auch der Sozialstaat und die GKV stärker bedroht, als dies bei den jetzt erforderlichen Kürzungen der Fall ist.[1]

---

1 Ein wenig beachteter, gleichwohl aber sehr gravierender gesundheitspolitischer

Um diese Entwicklung zu vermeiden, werden Empfehlungen aufgegriffen, die Wirtschaftsliberale verschiedenster politischer Schattierungen seit vielen Jahrzehnten verfechten: Die Gesundheitsausgaben dürfen demnach nicht länger nur über Beiträge zur Sozialversicherung finanziert werden, sondern der einzelne muß sich über private Vorsorge absichern. Diese könne bei gut verdienenden Arbeitnehmern mit durchschnittlichen Krankheitsrisiken die Form der privaten Vollversicherung annehmen, bei anderen könnten zur Grundsicherung der GKV private Zusatzversicherungen hinzutreten; insgesamt müsse der Anteil der privaten Zuzahlungen steigen.

Überprüft an den Erfolgsindikatoren der Standort-Theoretiker zeigt der Standort Deutschland eine erstaunlich positive Entwicklung. Dennoch bestätigen sich einige Annahmen nicht:

– Trotz stetigen Wachstums hat sich die Arbeitslosenzahl vervielfacht.

– Die Ausgabenentwicklung der GKV als Bestandteil der Lohnkosten hat keine realen Auswirkungen auf die internationale Wettbewerbsfähigkeit der deutschen Wirtschaft.

Wachstum ohne Arbeit

Die Statistik zeigt, daß sich die Bedingungen aus der Sicht der Angebotstheorie seit Anfang der 80er Jahre permanent verbessern. Es bestehen – auch im internationalen Vergleich – hervorragende Verwertungs- bzw. Angebotsbedingungen. Dies gilt mit der Ausnahme fehlender Binnennachfrage, die durch fehlende Beschäftigung und Steuerpolitik stark geschwächt wurde. Fast alles, was seit Jahren eingefordert wird, vor allem niedrigere Lohnkosten und Steuern auf Gewinne, Vermögen und hohe Arbeitseinkommen, ist längst ver-

---

Punkt muß hinzugefügt werden: Im Kontext neoliberaler Makrosteuerung nehmen alle Instrumente zur Steuerung des Anbieterverhaltens, seien es Geld, Recht, professionelle Normen und Ethik oder Expertise, den Charakter von Hebeln an, die dafür sorgen, daß diese Imperative der wirtschaftlichen Umverteilung und sozialen Polarisierung schließlich auch am Krankenbett und in der Arztpraxis gegenüber den Patienten exekutiert werden.

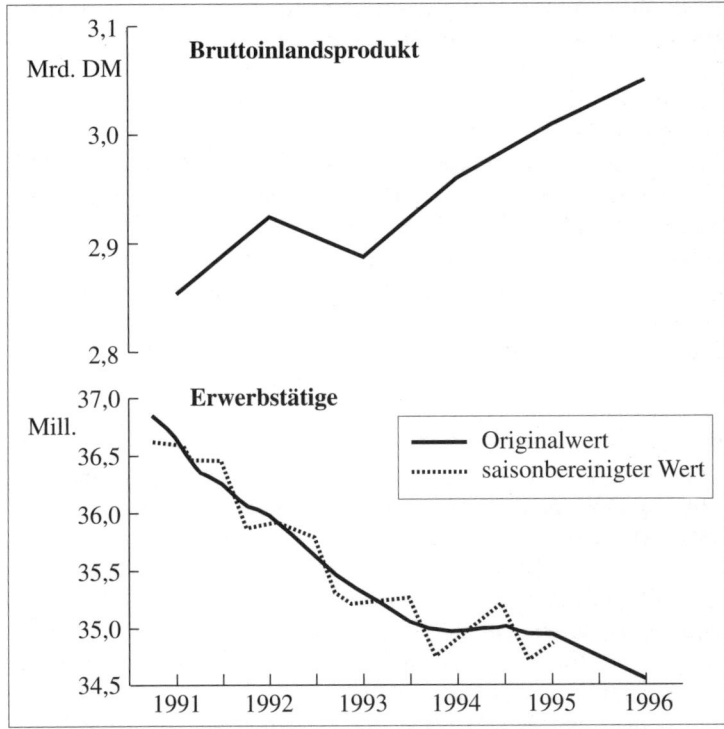

Abbildung 5.1
Bruttoinlandsprodukt (Mrd. DM) in Preisen von 1991 und Erwerbs-
tätige (Mio.) im Inland (Deutschland)

Quelle: Jahresgutachten 1997/98 des Sachverständigenrates zur Begutachtung der
gesamtwirtschaftlichen Entwicklung, BT-Drucksache 13/9090

wirklicht. Aber die Beschäftigungkrise und ihre wirtschaftlichen
und sozialen Folgen sind heute größer denn je. Nach Berechungen
der Bundesanstalt für Arbeit liegt die tatsächliche Unterbeschäfti-
gung bei bereits knapp 8 Mio. Wenn sich das Defizit an Arbeitsplätzen aber bereits bei Wachstum erhöht, wieviel mehr Wachstum

durch autonome Investitionen privater Unternehmen wäre nötig, um auch nur die versprochene Halbierung der Arbeitslosigkeit herbeizuführen? Und wieviel höher muß die private autonome Investitionsquote noch zusätzlich sein, wenn die kursierenden Vorstellungen vom »schlanken Staat« noch weiter realisiert werden?

Die *Abbildung 5.1* zeigt die Wachstumsraten der Bundesrepublik. Die Wirtschaft wächst, der materielle Reichtum erhöht sich von Jahr zu Jahr. Das Bruttoinlandsprodukt war 1995 um 137,0 Mrd. DM höher als 1994 und 1996 war es etwa 83,6 Mrd. DM höher als 1995. Es gab also jedes Jahr mehr zu verteilen als im Vorjahr. Selbst bei einem Null-Wachstum müßte in den einzelnen Budgets und auf den Lohn- und Gehaltsabrechnungen ebensoviel stehen wie im Vorjahr. Hätte sich 1996 das Volkseinkommen noch genauso auf Nettolöhne, Nettogewinne und Staatseinnahmen verteilen lassen wie 1980, wäre die Lohnsumme um 190,4 Mrd. DM höher und die Gewinnsumme um 170 Mrd. DM niedriger ausgefallen, während die Staatsausgaben um 20,7 Mrd. geringer gewesen wären (Arbeitsgruppe Alternative Wirtschaftspolitik 1997: 35). Die »leeren Kassen« sind also kein Naturereignis, sondern das Ergebnis von Umverteilungsprozessen zugunsten der Gewinne und zu Lasten der Löhne. Diese Entwicklung ist durch eine Steuerpolitik des Staates zugunsten der Bezieher hoher Einkommen sehr weitgehend verstärkt worden.

Es gehört zu den wirtschaftsliberalen Grundüberzeugungen, daß Ungleichverteilung dem Wachstum förderlich sei. Wie die *Tabelle 5.1* zeigt, sank der Anteil der Bruttolöhne und -gehälter am BSP (Bruttolohnquote) in Westdeutschland von ca. 76 % Anfang der 80er Jahre auf rund 70 % in der ersten Hälfte der 90er Jahre. Wird die Bruttolohnquote so errechnet, als sei der Anteil der Arbeitnehmer an der Gesamtzahl der Erwerbstätigen gleich geblieben, dann geht sie noch drastischer von 72 % auf 65 % zurück. Es zeigt sich hier auch die Unsinnigkeit des Begriffes »Lohnnebenkosten«. Neben diesem sinkenden Lohnanteil gibt es keine »Nebenkosten« mehr, sondern es sind hier bereits alle Lohnbestandteile, einschließlich des Arbeitgeberbeitrages zur Sozialversicherung, enthalten.

Im gleichen Zeitraum steigen die gesamtwirtschaftlichen privaten Brutto- und Nettoeinkommen aus Unternehmertätigkeit und

Tabelle 5.1

Bruttolohnquote und Arbeitnehmerquote 1960 bis 1996			
Jahr	Tatsächliche Brutto-lohnquote[1]	Arbeitnehmerquote[2]		Strukturbereinigte Bruttolohnquote[3]
	v.H.	v.H.	Index[4]	v.H.
	– alte Bundesländer –			
1960	60,1	77,2	92,5	65,0
1965	65,3	80,9	97,0	67,3
1970	68,0	83,4	100,0	68,0
1975	74,1	86,0	103,2	71,9
1980	75,8	88,3	105,9	71,6
1981	76,8	88,4	106,0	72,4
1982	76,9	88,5	106,0	72,5
1983	74,6	88,4	106,0	70,4
1984	73,4	88,5	106,1	69,2
1985	73,0	88,6	106,2	68,7
1986	72,1	88,7	106,3	68,8
1987	72,6	88,9	106,6	68,1
1988	71,5	89,0	106,7	67,0
1989	70,3	89,2	106,9	65,8
1990	69,6	89,4	107,2	64,9
1991	69,6	89,5	107,3	64,9
1992	70,8	89,6	107,4	65,9
1993[5]	71,8	89,4	107,2	67,0
1994[5]	70,1	89,2	107,0	65,5
1995[6]	–	89,1	106,8	–
1996 1. Hj.[6]	–	88,9	106,6	–

Tabelle 5.1

Bruttolohnquote und Arbeitnehmerquote 1960 bis 1996			
Jahr	Tatsächliche Brutto-lohnquote[1]	Arbeitnehmerquote[2]		Strukturbereinigte Bruttolohnquote[3]
	v.H.	v.H.	Index[4]	v.H.
	– alte und neue Bundesländer –			
1991	72,5	90,6	100,0	72,5
1992	73,6	90,3	99,7	73,8
1993[6]	74,2	90,0	99,3	73,5
1994[6]	72,8	89,7	99,0	73,5
1995[6]	71,6	89,6	98,9	72,4
1996[6]	69,0	89,4	98,7	69,9

1 Anteil des Bruttoeinkommens aus unselbständiger Arbeit im Volkseinkommen.
2 Anteil der beschäftigten Arbeitnehmer an den Erwerbstätigen (Inländer).
3 Bereinigt vom Einfluß, der sich aus der Änderung der Beschäftigtenstruktur ergibt. Die Arbeitnehmerquote des Jahres 1970 bzw. 1991 wird über alle Jahre hinweg konstant gehalten.
4 Für die alten Bundesländer 1970 = 100.
5 Vorläufiges Ergebnis. Stand Mai 1995, ab 1995 nicht mehr nachgewiesen.
6 Vorläufiges Ergebnis. Stand September 1996.

Quelle: Statistisches Bundesamt (Fachserie 18: Volkswirtschaftliche Gesamtrechnungen). – Berechnungen des WSI. Zit. nach: Schäfer (1996)

Vermögen *(Tabelle 5.2)*. Die jährlichen Steigerungsraten netto liegen fast durchgängig über den Bruttosteigerungen, das spiegelt die permanent sinkende Steuerbelastung der Gewinne und Vermögenseinkommen in Westdeutschland von 21,2 % (1980) auf 13,5 % (1993). In der gesamtdeutschen Statistik sinkt sie in der kurzen Zeit zwischen 1991 und 1996 von 14,4 % auf 9,7 %.

Der Anteil sämtlicher Steuern auf die Bruttoeinkommen aus Unternehmertätigkeit und Vermögen (veranlagte Einkommensteuer, Körperschaftssteuer, Kapitalertragssteuer – jeweils einschließlich Solidaritätszuschlag – sowie Gewerbesteuer und Vermögenssteuer)

Tabelle 5.2

Gesamtwirtschaftliches Brutto- und Nettoeinkommen aus Unternehmertätigkeit und Vermögen (ohne Staat)						
Jahr	Bruttoeinkommen		Nettoeinkommen		Steuern[4]	Durchschn. Steuerbel.
	Mrd. DM	Veränderg. (v.H.)	Mrd. DM	Veränderg. (v.H.)		(v.H.)
– alte Bundesländer –						
1980	287,50	–	226,53	–	60,97	21,2
1981	288,54	+0,4	229,16	+1,2	59,38	20,6
1982	294,08	+1,9	235,50	+2,8	58,58	19,9
1983	344,02	+17,0	284,96	+21,0	59,06	17,2
1984	379,51	+10,3	316,89	+11,2	62,62	16,5
1985	400,89	+5,6	329,65	+4,0	71,24	17,8
1986	441,36	+10,1	367,80	+11,6	73,56	16,7
1987	456,04	+3,3	386,74	+5,1	69,30	15,2
1988	506,08	+11,0	430,22	+11,2	75,86	15,0
1989	545,22	+7,7	455,31	+5,8	89,91	16,5
1990	604,18	+10,8	523,26	+14,9	80,92	13,4
1991[2]	659,90	+9,2	568,65	+8,7	91,31	13,8
1992[2]	664,89	+0,8	574,17	+1,0	90,72	13,6
1993[2]	639,45	3,8	553,39	3,6	86,06	13,5
1994[2]	–	–	–	–	–	–
– alte und neue Bundesländer –						
1991	653,49	+8,2[3]	559,10	+6,8[3]	94,39	14,4
1992	679,31	+4,0	579,78	+3,7	99,53	14,7
1993	674,26	0,7	570,58	1,6	103,68	15,4
1994	740,35	+9,8	650,18	+14,0	90,17	12,2
1995	832,36	+12,4	751,60	+15,6	80,76	9,7
1996 1. Hj.	442,03	–	398,99	–	43,04	9,7

1 Nach Abzug direkter Steuern und vergleichbarer öffentlicher Abgaben.
2 Stand Oktober 1994, ab 1994 vom Statistischen Bundesamt nicht mehr nachgewiesen.
3 Wegen der deutschen Vereinigung mit dem Vorjahr nur bedingt vergleichbar.
4 Direkte Steuern und vergleichbare Abgaben.

Quelle: Statistisches Bundesamt (Volkswirtschaftliche Gesamtrechnungen, Stand September 1996) – Berechnungen des WSI. Zit. nach: Schäfer 1996

ist zwischen 1979 und 1995 von 7 % auf 3,5 % des BSP halbiert worden *(Tabelle 5.3)*. Auch wenn man die Quote der 50 % der geleisteten Beiträge zur Renten-, Kranken-, Pflege- und Arbeitslosenversicherung sowie die vollen Beiträge zur Unfallversicherung mit der Steuerquote der Unternehmen addiert, ist die gesamte Abgabenquote zwischen 1979 und 1995 von 14 % auf 11,5 % des BSP gesunken. Im gleichen Zeitraum ist die Arbeitslosenquote Westdeutschlands von 3,6 % auf 9,3 % angestiegen (Jahresgutachten 1996/97 des Sachverständigenrates zur Begutachtung der gesamtwirtschaftlichen Entwicklung).

Natürlich soll aus diesem statistischen Zusammentreffen von permanent sinkender Steuerlast der Unternehmen und der sich verstärkenden Arbeitslosigkeit keine umgekehrte Kausalität abgeleitet werden. Was jedoch nicht von der Hand zu weisen ist: eine als ganz zentral hervorgehobene und proklamierte »Angebotsbedingung« für mehr Beschäftigung, nämlich die Senkung der Unternehmensabgaben, wird seit 17 Jahren realisiert, hatte also durchaus die Chance zu wirken. In diesem Zeitraum ist jedoch statt der versprochenen Verbesserung eine fast dreifache Verschlechterung der Beschäftigung eingetreten, ohne daß dies dem zugrundeliegenden Konzept auch nur den geringsten Abbruch getan hat. Jede der bisherigen Steuererleichterungen für Unternehmen und auch die geplante Steuerreform wurde und wird weiterhin der Öffentlichkeit mit dem Etikett »Beschäftigungsförderung« präsentiert. Auch die Opposition bleibt in dieser Logik, wenn sie durch Steuererleichterungen Investitionen und Beschäftigung ankurbeln will, statt für zusätzliche Nachfrage zu sorgen.

Tabelle 5.3

Fakten zur Einkommensverteilung durch Steuerpolitik

	1979 Mrd.DM	1989 Mrd.DM	1995 Mrd.DM	1979 % BSP	1989 % BSP	1995 % BSP	Zuwachs 1979–1995 in %
Bruttolohn- u. Gehaltssumme	653,7	992,8	1513,8	46,9	44,2	43,9	147,5
Lohnsteuer	97,1	181,8	303,9	7,0	8,1	8,8	213,0
Bruttoeinkommen aus Unternehmerein-kommen und Vermögen	289,4	516,2	745,9	20,8	23,0	21,6	157,7
1. Veranl. Vermög.steuer	37,6	36,8	15,1	2,7	1,6	0,4	
2. Körperschftssteuer	22,9	34,2	19,5	1,6	1,5	0,6	
3. Kapitalertr.steuer	3,8	12,8		0,3	0,6	0,9	
4. Gewerbesteuer	28,4	36,7	44,9	2,0	1,6	1,3	
5. Vermögenssteuer	4,5	5,8	7,9	0,3	0,3	0,2	
Summe 1–5	92,7	126,3	119,3	7,0	5,6	3,5	22,7
Tatsächliche Beitr. zur Sozialversicherg.							
Arbeitgeberanteil	97,2	162,7	279,6	7,0	7,2	8,1	187,7
Arbeitnehmeranteil	84,9	141,9	243,6	6,1	6,3	7,1	187,0
Abgabenquote Unternehm				14,0	12,8	11,5	
Umsatzsteuern	84,2	131,5	234,6	6,0	5,9	6,8	178,6
Nettolohn- und Gehaltssumme	472,4	671,6	972,3	33,9	29,9	28,2	105,8
Nettoeinkommen aus Unternehm. u.Ver-mögen	224,6	426,3	653,0	16,1	18,9	18,9	190,7

Quelle: Ehrenberg 1996

Galbraith (1955) schreibt in seinem Jahrhundertrückblick: »Nichts hält sich in einer Depression oder Rezession hartnäckiger als der Glaube, daß mehr Geld für die Reichen Wunder wirkt bei der Erholung der Wirtschaft« – ein durchaus interessierter Wunderglaube.

Arbeitspotential im Gesundheitswesen

Mit dem Schlagwort vom »schlanken Staat« werden speziell personenbezogene Dienstleistungen in öffentlichen Bereichen abgebaut. Dabei ließen sich gerade in den arbeitsintensiven Bereichen Arbeitsplätze schaffen – ein Wachstum anderer Art. Es versteht sich, daß hinter dem sozial- und gesundheitspolitisch Erforderlichen das Beschäftigungsargument erst an zweiter Stelle rangieren sollte. Beschäftigung sollte sich am Bedarf orientieren. Wo aber ein sozial akzeptierter Bedarf sich nicht in individuelle Nachfrage umsetzen kann, weil es die Verteilungsverhältnisse nicht erlauben, muß der Staat entweder das entsprechende Angebot selbst organisieren oder die Nachfrage ermöglichen. Im Bereich der gesundheitsfördernden, pflegerischen und betreuenden Dienstleistungen auf einem akzeptablen Qualitätsniveau gäbe es genug Bedarf nach Arbeit.

Die Summe der durch Arbeitslosigkeit verursachten öffentlichen Ausgaben und Einnahmeverluste belief sich 1996 in Deutschland auf ca. 160 Mrd. DM. Sie lag damit höher als der gesamte staatliche Finanzierungssaldo in Höhe von 137 Mrd. DM (Arbeitsgruppe Alternative Wirtschaftspolitik 1997). Aufgrund dieser enormen Kosten der Arbeitslosigkeit ist die »Selbstfinanzierungsquote« eines zusätzlich geschaffenen Arbeitsplatzes sehr hoch. Die angebliche Rettung des Sozialstaats bewirkt das Gegenteil: Ende März 1997 waren bei den Arbeitsämtern 104 600 Arbeitssuchende aus Gesundheitsberufen registriert – 26 % mehr als im Vorjahr. Allein seit Jahresbeginn bzw. seit Inkrafttreten des »Beitragsentlastungsgesetzes« und des »Gesetzes für mehr Wachstum und Beschäftigung« sind im Gesundheitswesen 21 300 Stellen weggefallen. Einen ähnlich hohen Anstieg der Arbeitslosigkeit gab es nur beim Schiffbau und im Baugewerbe (*Die Woche* v. 24. 4. 1997).

Tabelle 5.4

Beschäftigungseffekte bei Variation der Gesundheitsausgaben			
Gesundheitsausgaben	Beschäftigungseffekt im Gesundheitssektor	Beschäftigungseffekt in der gewerblichen Wirtschaft (ohne Bergbau)	Saldo
+1 Mrd. DM	+9212	–3676 (verarb. Gewerbe)	+5536
Ein Beitragssatzpunkt (+17,3 Mrd. DM)	+159368	–63576 (verarb. Gewerbe)	+95792

Quelle: Sachverständigenrat der Konzertierten Aktion im Gesundheitswesen 1996

Der Sachverständigenrat für die Konzertierte Aktion im Gesundheitswesen veröffentlichte 1996 eine sehr defensive, d. h. vorsichtige Berechnung der unterschiedlichen Beschäftigungseffekte im Gesundheitswesen (inklusive der materiellen Vorleistungsgüter) und in der gewerblichen Wirtschaft (inklusive Dienstleistungen; *Tabelle 5.4*). Hiernach würde eine zusätzliche Milliarde im personalintensiven Gesundheitswesen zu 9212 zusätzlichen Arbeitsplätzen führen, während in der gewerblichen Wirtschaft 3676 wegfallen würden – per Saldo eine Mehrbeschäftigung von 5536 Arbeitskräften. Ein zusätzlicher Beitragspunkt würde per saldo zusätzlich 95773 Personen beschäftigen.

Kein Vorteil durch niedrige Nebenkosten

Die Zeitungsleser werden seit Jahren mit einer Flut von Informationen überhäuft, verwirrt und eingeschüchtert, mit denen bewiesen werden soll, daß »wir« uns die hohen Lohnkosten »nicht mehr leisten können«. Auf Schaubildern werden uns internationale Vergleiche vorgeführt, nach denen die Arbeitszeit die kürzeste, die Stundenlöhne die höchsten und die diversen Abgabenquoten die bedrückendsten sind. Die davon ausgehende Bedrohung des Standorts Deutschland, d. h. der Beschäftigungsmöglichkeiten der Deutschen und ihrer Zukunft in der Arbeitsgesellschaft, läßt vielen den Atem stocken, zumindest ist das beabsichtigt.

Tatsächlich hängt die Wettbewerbsfähigkeit eines Unternehmens von weit mehr Faktoren ab als von dessen Lohnkosten, die in der Industrie nur gut ein Viertel der Gesamtkosten ausmachen. Zu berücksichtigen wären außerdem die Preise in internationalen Währungen, die Qualität des Produkts, die Zuverlässigkeit der Belieferung und Wartung, die angebotenen Optionen etc. Darum ist es eine interessierte Verkürzung, wenn allein die Lohnkosten thematisiert werden. Was nun deren Indikator Lohnstückkosten angeht, so kann das folgende Fazit des Vergleichs zwischen den Industrieländern nicht korrekter formuliert werden: »Der deutschen Volkswirtschaft ist es … besser als den übrigen Industrieländern (Ausnahme Japan [dessen Index nur leicht über dem deutschen liegt, d. Verf.]) gelungen, Lohnkostenentwicklung und Produktivitätsentwicklung in Übereinstimmung zu halten.« (Hofmann 1996) Es wird also kaum möglich sein, über die Lohnkosten und noch weniger über die sog. Lohnnebenkosten einen Vorteil im internationalen Wettbewerb zu erzielen. Selbst wenn die gesamte gesetzliche Krankenversicherung auf dem Altar des internationalen Wettbewerbsvorteils geopfert würde, bliebe das weitgehend folgenlos.

Unter Experten besteht Konsens, daß die einzige national wie international aussagefähige Meßgröße für die Entwicklung der Arbeitskosten die Lohnstückkosten (LStK) sind, die folgendermaßen errechnet werden: Es werden die Löhne pro Beschäftigten (einschl. der sog. Lohnnebenkosten) in Beziehung gesetzt zur Produktion pro Beschäftigten (Produktivität). Die Produktivität pro Beschäftigten setzt sich zusammen aus der Arbeitszeit pro Beschäftigten und der Produktion pro Arbeitsstunde. Sinkt also die Arbeitszeit, so sinkt auch die Produktivität und entsprechend steigen die LStK. Andererseits steigen die LStK in Konjunkturtiefs, wenn sich durch Überkapazitäten die Fixkosten auf eine geringere Stückzahl verteilen. Weder die sinkende Wochenarbeitszeit noch Stundenlöhne und Arbeitgeberbeitrag zur Krankenversicherung dürfen also neben den Lohnstückkosten thematisiert werden, denn sie sind – wie die gesamten Ausgaben der GKV – bereits in dieser Größe enthalten.

Die Krankenversicherung belastet die Unternehmen des verarbeitenden Gewerbes mit 4 % der Arbeitskosten. Die Arbeitskosten wiederum machen nach den Angaben des Statistischen Bundesamtes 27,1 % der Gesamtkosten des verarbeitenden Gewerbes aus, der GKV-Beitrag schlägt entsprechend mit 1,084 % der Kosten zu Buche. Eine 10 %ige Erhöhung des GKV-Beitrages (z. B. von 13,0 % auf 14,3 %) würde also eine Kostensteigerung von 0,1 %, d. h. 1/1000, bedeuten. Bei der Exportindustrie dürfte der Wert noch niedriger sein. Man stelle sich jetzt vor, der Preis eines Investitionsgutes würde lohnkostenbedingt von 1000 DM auf 1001 DM erhöht werden müssen (das setzt bereits wirklichkeitsfremde Vorstellungen von Preisbildung voraus), und die Abnehmer würden sich aufgrund dieser einen Mark vom Geschäft zurückziehen. Welcher Ökonom will die gesamtwirtschaftlichen Wirkungen einer Kostenerhöhung von einem Promille beurteilen?

Die *Abbildung 5.2* zeigt den Verlauf der LStK-Entwicklung (ein nach Exportanteilen gewichteter Index der Industrieländer), wie ihn das Deutsche Institut für Wirtschaftsforschung (DIW) errechnet hat. In der jeweiligen nationalen Währung erhöhte sich der Index in Deutschland von 100 (1970) auf 240 (1995), während er in den anderen Industrieländern im Durchschnitt auf 480 angestiegen ist. Daraus ist genau das entstanden, was derzeit so wort- und gestenreich beschworen wird: ein enormer internationaler Wettbewerbsvorteil für die westdeutschen Anbieter. Wozu dieser Vorteil führt, zeigt die *Abbildung 5.7*. Der enorm hohe Außenhandelsüberschuß der westdeutschen Wirtschaft verringerte sich nur in den Vereinigungsjahren (als der Nachfragesog die Importe steigerte) und ist wieder dabei, die früheren Werte anzunehmen.

Was aber sind die Erfolge der deutschen Exportstrategie? Diese Strategie bedeutet Export von Arbeitslosigkeit und nicht – wie es in der Standort-Rhetorik heißt – Export von Arbeitsplätzen. Die in Deutschland bereits bestehende hohe Arbeitslosigkeit wäre noch höher, wenn nicht über die Exportüberschuß-Strategie ein Teil des Problems auf andere Länder abgewälzt würde. Es ist klar, daß diese ein solches Ungleichgewicht verhindern möchten. Der zentrale Mechanismus, der ihnen dabei hilft, sind die Wechselkurse. Die *Abbildung 5.4* zeigt den Index der Lohnstückkosten, diesmal berechnet in *internationaler Währung*. Es stellt sich heraus, daß

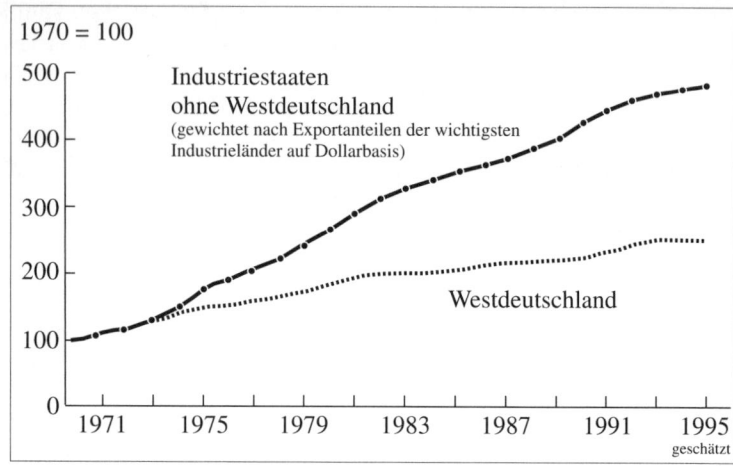

Abbildung 5.2
Lohnstückkosten in Westdeutschland im internationalen Vergleich (in Landeswährungen), 1970-1995
Quelle: zitiert nach Flassbeck, 1996

nun keinerlei lohnkostenbedingter Wettbewerbsvorteil mehr vorhanden ist (daß jenseits der Lohnkosten solche Vorteile noch bestehen müssen, zeigen die dennoch sehr hohen Handelsbilanzüberschüsse).

Der Außenwert der DM ist gegenüber dem US-Dollar von 132,9 (1982) auf 225,1 (1995) gestiegen (Jahresgutachten 1996/97 des SVR zur Begutachtung der gesamtwirtschaftlichen Entwicklung). Folglich ist eine deutsche Ware bei konstanten Kosten und Preisen für Dollar-Zahler allein durch die veränderten Wechselkurse zwischen 1982 und 1995 um 70 % teurer geworden. Lohnkostenvorteile auf dem Weltmarkt, die durch niedrige Tarifabschlüsse und gesenkte Sozialausgaben erzielt wurden, werden also recht umgehend kompensiert durch den Wechselkursmechanismus. Die angebotspolitische Exportstrategie, die ein chronisches Ungleichgewicht in Kauf nimmt (u. a. den Zusammenbruch der europäischen Wäh-

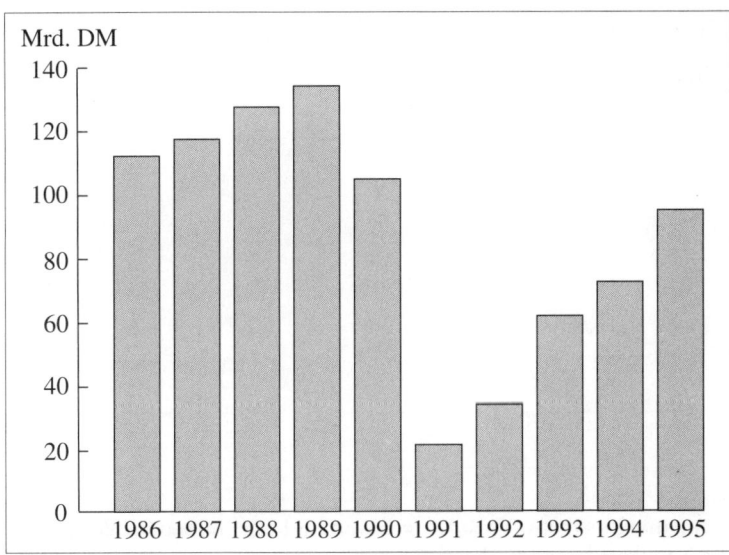

Abbildung 5.3
**Saldo im deutschen Außenhandel (alte Länder) in Mrd. DM,
1986-1995**
Quelle: Deutsche Bundesbank, zitiert nach Küchle 1996

rungsschlange), anstatt für Inlandnachfrage zu sorgen, ist unter dem
Aspekt Beschäftigung im besten Fall wirkungslos.

Die »Standortlüge« (Ehrenberg 1997) ist ein Produkt der libera-
len Wirtschaftslehre. Obwohl sie »spektakulär erfolglos (ist) bei
dem Versuch, ihre Thesen und Lehrmeinungen auf unsere Lebens-
wirklichkeit anzuwenden« (Saul 1995), hält sie sich hartnäckig, und
ihre Empfehlungen werden weiterhin in die Praxis umgesetzt.
Bleibt die Frage, warum diese Theorie gebraucht wird und welchen
Nutzen ihre Verfechter aus ihr ziehen können. Huffschmid erklärt
die merkwürdige Langlebigkeit der Standort-Rhetorik mit den
»Wachstums- und Expansionszwängen moderner kapitalistischer
Ökonomien«. Für die Unternehmen heiße das Ziel immer Erobe-

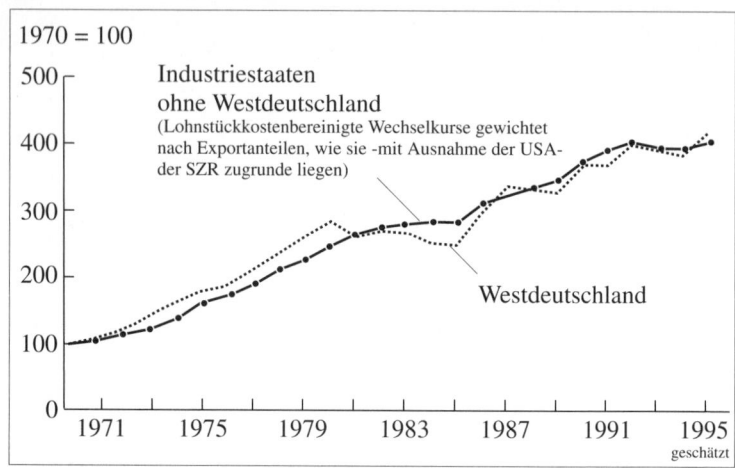

Abbildung 5.4
Lohnstückkosten in Westdeutschland im internationalen Vergleich
(in internationaler Währung), 1970-1995
Quelle: zitiert nach Flassbeck, 1996

rung von Marktanteilen, eine Strategie, die nicht auf internationalen Ausgleich, sondern auf Konfrontation abziele:

»Mit einer solchen Strategie treffen die deutschen Unternehmen aber auf die Konkurrenz und den Widerstand der ebenfalls weltmarktorientierten Marktführer aus den USA, Japan, Frankreich, England und einer Handvoll anderer Länder. Hieraus ergeben sich ständige Bedrohungen und Positionsgefährdungen. Sie veranlassen die Unternehmen, Ruhe und Bescheidenheit an der Heimatfront zu fordern und immer neue Maßnahmen zur Unterstützung ihres Kampfes um Weltmarktanteile zu verlangen.« (Huffschmid 1994)

6. Auf dem Weg zur GKV-light – das Märchen vom Luxusangebot der Kassen

Gerade diejenigen, die den Leistungskatalog der GKV »abspecken« wollen, bezeichnen sich selbst gerne als Retter einer sozialen Krankenversicherung. Die GKV müsse vor Überforderungen geschützt und von Ballast befreit werden, damit ihre Vorzüge weiterhin allen Mitgliedern zugute kämen. Dabei fällt es den Befürwortern einer GKV-light – zumindest verbal – nicht schwer, den Ballast von den vermeintlich wirklich wichtigen Leistungen zu trennen: Nur das medizinisch Notwendige und Unverzichtbare sollen die Kassen bezahlen, und alle darüber hinausgehenden »versicherungsfremden« Leistungen seien entweder von den Versicherten selbst oder von anderen öffentlichen Trägern zu finanzieren. Mit dieser Argumentation einher geht der Appell zu mehr Eigenverantwortung.

In der Praxis zeigt sich, daß die Definition von medizinisch notwendigen Leistungen im Zweifelsfall große Spielräume läßt und längst nicht alles, was heute als versicherungsfremd gilt, dieses Etikett auch verdient. Gemeint sind dabei Leistungen, die der Versicherte selbst zu verantworten hat oder die gar nicht in die Zuständigkeit der GKV fallen. Immer wieder genannt werden folgende Bereiche:
- riskante Lebensstile, die zu Erkrankungen oder Verletzungen führen
- Leistungen, die weitgehend Konsumcharakter haben und der allgemeinen Lebensführung zugerechnet werden können
- beitragsfreie Mitversicherung von Kindern und nicht erwerbstätigen Ehepartnern
- Maßnahmen der Gesundheitsförderung, die in erster Linie präventiven Charakter haben

Wären alle versicherungsfremden Leistungen ausgegliedert, wie es bei der Gesundheitsförderung bereits der Fall ist, bliebe als Standard nur ein medizinisch absolut notwendiges Kernangebot. Letzteres, so die gängige Vorstellung, umfasse die Pflichtleistungen der GKV; alles übrige müsse als Wahlleistung angeboten und vom Versicherten zusätzlich gezahlt werden. Damit würde sich die GKV ganz am Modell der Privaten Krankenversicherungen (PKV) orientieren. Wie eine solche Reduzierung auf das vermeintlich Wesentliche aussehen kann und was sie bewirkt, zeigt der Bereich der zahnmedizinischen Versorgung. Hier hat der Gesetzgeber mit der 3. Stufe der Gesundheitsreform eine Art Modellfall für die Umrüstung der GKV auf das System der PKV geschaffen.

Ermessensfrage: versicherungsfremd oder medizinisch notwendig?

Zweifelsfall riskanter Lebensstil[1]

Unabhängig von der Frage, wer zahlt, ist unstrittig, daß die Folgen von riskanten Lebensstilen medizinisch behandelt werden müssen. Dabei ist es zunächst einerlei, ob es sich um die Betreuung nach einem Unfall auf der Skipiste oder die Kur für einen Alkoholabhängigen handelt. Werden diese Leistungen aus dem Katalog der GKV gestrichen und der privaten Verantwortung überlassen, bildet das individuelle Risiko die Grundlage für die Kalkulation der Beiträge – ein klassisches Merkmal der PKV. Aber auch den PKV fällt es in der Regel schwer, den Nachweis des eindeutigen Selbstverschuldens zu führen, wenngleich unter bestimmten Voraussetzungen Leistungen verweigert werden.[2] Solange Autofahren, Rauchen, Alkoholgenuß und verletzungsanfällige Sportarten Teil der Alltagskultur sind,

---

1 Im folgenden greifen wir auf die Arbeit von Wolfram Lamping zurück.
2 So wurden bislang in der Regel die Kosten für die Behandlung oder die Rehabilitation von Alkoholkranken nicht übernommen. Mittlerweile hat jedoch die Rechtsprechung (Landgericht Hamburg und Oberlandesgericht Oldenburg 1996) dafür gesorgt, daß die PKV auch die Behandlung von Suchtkrankheiten bezahlen muß, allerdings keine Rehabilitationskuren.

gehört die Absicherung der damit verbundenen Risiken zum Standardtarif einer jeden Krankenversicherung, egal ob PKV oder GKV. Es ist einfach zu schwierig, die Grenze zwischen »riskanten« und »normalen« Lebensstilen zu ziehen. »Workaholics« und so manches Kantinenessen ließen sich ebenso in die Rubrik »riskanter Lebensstil« einordnen wie der regelmäßige Verzehr gängiger Fastfood-Menüs. Ungeklärt ist auch, wie riskantes Verhalten kontrolliert werden soll. Der Gedanke einer »Gesundheitspolizei« erscheint absurd.

Die Protagonisten einer »Sündensteuer« unterstellen den Versicherten eine generelle Neigung zum Mißbrauch sowohl von Leistungen der Krankenkassen als auch von Genußmitteln und Freizeitvergnügungen. Dabei läßt sich zeigen, daß ein genußvoller Lebensstil gesundheitlich durchaus positive Folgen haben kann. So gibt es z. B. hinreichend Belege dafür, daß regelmäßiger und moderater Weinkonsum vorbeugend gegen Herzinfarkt wirkt. Die Pharmaindustrie würde sich glücklich schätzen, wenn sie für ihre Lipidsenker ähnliche Evidenzen in puncto Myokardinfarktprophylaxe aufweisen könnte wie Winzer für zwei Schoppen Rotwein pro Tag. Wer riskante Lebensstile zur Grundlage der Gestaltung von Versicherungsbeiträgen machen will, bewegt sich auf recht dünnem Eis.

Zweifelsfall Konsumgüter

Es wird nicht einfach sein, Leistungen aus dem Angebot der GKV zu entfernen, die in den Bereich des alltäglichen Konsums gehören. Die meisten dieser Angebote gehören nämlich bereits jetzt nicht zu den Aufgaben der GKV. Alle Leistungen der GKV dürfen nur im Zusammenhang mit einer medizinischen Indikation gewährt werden. Dazu gehören auch Leistungen, die für sich genommen in der Tat Konsumgüter oder Dienstleistungen sind, wie z. B. Taxifahrten zum Arzt. Auch das immer wieder als Beispiel genannte Brillengestell wurde nur bei Kurz- oder Weitsichtigkeit, also einer individuellen Beeinträchtigung, angeboten. Mittlerweile wird es nicht mehr von der Kasse bezuschußt; das gleiche gilt für die Batterien von Hörgeräten, was insofern absurd ist, als Hörgeräte selbst sehr wohl von der Kasse bezahlt werden.

Dabei können sogar Leistungen, die auf den ersten Blick persönliche Angelegenheiten scheinen, unter bestimmten Umständen durchaus medizinisch erforderlich sein und damit in den Aufgabenbereich der GKV fallen. Das kann auch unter wirtschaftlichen Gesichtspunkten für die Kassen interessant sein. So ist z. B. die Fußpflege für Diabetiker, deren Leiden zu extremer Sehschwäche bis hin zur völligen Blindheit geführt hat, eine für die Kasse geradezu kostensparende Dienstleistung. Bei sehbehinderten Diabetikern kommt es oft vor, daß sie sich bei der Fußpflege unbemerkt verletzen, was bei diesen zumeist schweren Erkrankungsfällen verheerende Folgen bis hin zur Amputation haben kann. Eine solche Amputation kostet bis zu 40 000 DM, von den Folgekosten (Rollstuhl usw.) gar nicht zu reden. Regelmäßige professionelle Fußpflege wäre billiger.

Zweifelsfall Mitversicherung von Familienangehörigen

Die Überlegung, die Mitversicherung von Familienangehörigen nicht mehr aus den allgemeinen Krankenkassenbeiträgen zu finanzieren, sondern über den Staatshaushalt, ist – im Gegensatz zu den soeben angesprochenen Patentrezepten – zumindest einer Diskussion würdig. Es handelt sich praktisch um einen Familienlastenausgleich, also eine gesellschaftspolitische Angelegenheit, die als solche auch aus dem Steuertopf bezahlt werden könnte. Auch ist es richtig, daß die beitragsfreie Mitversicherung von Kindern und nicht erwerbstätigen Ehepartnern zu teilweise fragwürdigen Ergebnissen führt. So nimmt ein Spitzenverdiener mit nicht berufstätiger Ehefrau und zwei Kindern in der Regel die Position eines Nettoempfängers ein, d. h. er zahlt weniger in die GKV ein als er und seine Familie an Leistungen erhalten. Ein berufstätiges Ehepaar mit ebenfalls zwei Kindern, deren Arbeitseinkommen jeweils in der Nähe der Beitragsbemessungsgrenze liegt, ist zumeist Nettozahler, d. h. die Beitragszahlungen übersteigen in der Regel den Wert der von der Familie in Anspruch genommenen Leistungen. Wie beim Ehegattensplitting in der Einkommensteuer haben Einverdiener-haushalte mit überdurchschnittlichem Einkommen auch in der GKV große Vorteile.

Den Überlegungen, den Familienlastenausgleich als »versicherungsfremde Leistung« aus der GKV herauszunehmen und dem Staat zu übertragen, liegt ein weitverbreitetes Mißverständnis über den Charakter unserer GKV zugrunde. Seinem Namen zum Trotz ist die GKV eigentlich keine Versicherung, sondern ein sozialer, nach dem Leistungsfähigkeitsprinzip gebildeter Fonds zur Finanzierung von Behandlungskosten und anderen Krankheitsfolgen. Die Beitragseinnahmen der Krankenkassen sind keine kumulierten Versicherungsprämien, sondern ein Anteil der Arbeitnehmereinkommen für die Krankenversorgung aller Personen, die von diesen Einkommen leben müssen. Jedes Mitglied einer Krankenkasse zahlt einen prozentualen Anteil seines Arbeitseinkommens an seine Kasse. Aus dem so nach der individuellen Leistungsfähigkeit entstandenen Fonds werden dann die Krankheitsfolgekosten aller Einzahler und deren Familienangehörigen (nicht berufstätiger Ehepartner, Kinder) getragen. Insofern beschreibt das Wort »Krankenkasse« die Sache sehr viel präziser. Das Äquivalenzprinzip, wonach die Höhe der Leistungen der Höhe des Beitrages (oder umgekehrt) entspricht, ist in der GKV weitgehend ausgeschaltet. Dieses Prinzip gilt in der Sozialversicherung nur für Geldleistungen (Renten, Arbeitslosen- und Krankengeld), die in der GKV nur einen kleinen Teil ihrer Gesamtausgaben ausmachen[1]. Bei den Sachleistungen der medizinischen Versorgung ist dieser Grundsatz bewußt ausgeschaltet, da jedem Versicherten ohne Ansehen der Person im Bedarfsfall die gleiche medizinische Betreuung zukommen soll.

1 Die GKV war in ihrer ursprünglichen, von Bismarck konzipierten Gestalt in weiten Teilen eine Krankengeldversicherung. Seit dem Lohnfortzahlungsgesetz von 1969, das die Arbeitgeber zur Lohnfortzahlung in den ersten sechs Wochen einer Krankheit verpflichtete, kommt der Auszahlung von Krankengeldern nur noch eine untergeordnete Rolle im Leistungsangebot der Kassen zu. Betrug der Anteil des Krankengeldes an den GKV-Ausgaben in den 60er Jahren noch bis zu 30 %, so liegt er heute bei ca. 8 %.

Zweifelsfall Gesundheitsförderung

Mit der Gesundheitsförderung hat die Bundesregierung einen Leistungsbereich aus der GKV gekippt, der wie kein anderer den Anspruch der Krankenkassen umsetzen sollte, als »Gesundheitskassen« zu gelten. Der §20 SGB V, der zuvor die Überschrift hatte »Leistungen zur Förderung der Gesundheit und zur Verhütung von Krankheiten«, hat seit dem 1. Juli 1996 nur noch den Titel »Krankheitsverhütung«. Der frühere Absatz 1 dieser Vorschrift ist ersatzlos gestrichen worden. Er gab den Krankenkasse die Aufgabe, »ihre Versicherten allgemein über Gesundheitsgefährdungen und über die Verhütung von Krankheiten aufzuklären und darüber zu beraten, wie Gefährdungen vermieden und Krankheiten verhütet werden«. Außerdem sollten die Kassen »den Ursachen von Gesundheitsgefährdungen und Gesundheitsschäden nachgehen und auf ihre Beseitigung hinwirken«. Entsprechende Projekte dürfen sie nun nicht mehr finanzieren. Sogar in der betrieblichen Gesundheitsförderung, einer allseits anerkannten und wichtigen Aufgabe, dürfen die Krankenkassen keine eigenen Projekte mehr machen. Sie müssen sich jetzt mit den Berufsgenossenschaften arrangieren.

Entscheidend für die Konsequenzen dieser Streichung ist der Unterschied zwischen Krankheitsverhütung und Gesundheitsförderung. Es handelt sich um zwei grundverschiedene Felder der gesundheitlichen Prävention:

– *Krankheitsverhütung* zielt auf die objektiven Entstehungsbedingungen von Krankheiten. In erster Linie ist dies Aufgabe des Öffentlichen Gesundheitsdienstes, der Gewerbeaufsicht und der Berufsgenossenschaften, die sich um die allgemeinen hygienischen Bedingungen Trinkwasser, Lebensmittel usw., Umwelteinflüsse und Gesundheitsgefährdungen am Arbeitsplatz zu kümmern haben. Die Krankenkassen sind auf diesem Gebiet nur im Rahmen des Impfschutzes tätig.

– *Gesundheitsförderung* hingegen setzt mit unspezifischen Maßnahmen bei den Rahmenbedingungen an, unter denen Menschen leben. Sie sollen in die Lage versetzt werden, gesundheitsbewußt zu leben, sich entsprechend zu ernähren und gesundheitsgefährdende Gewohnheiten wie Rauchen oder Bewegungsarmut abzulegen. Darum haben sich bislang fast ausschließlich die Krankenkassen gekümmert.

Es läßt sich darüber streiten, ob die Krankenkassen der geeignete Träger der gesundheitlichen Prävention und der Gesundheitsförderung sind. Der Medizinsoziologe Christian von Ferber ist z. B. der Auffassung, daß die GKV als Sozialversicherungssystem von ihrer Anlage her präventiv ausgerichtet ist: »Ein Sozialversicherungssystem muß ... um seiner Selbsterhaltung willen die Risiken, deren Abdeckung es übernimmt, so definieren oder zumindest so zu definieren versuchen, daß die Inanspruchnahme seiner Leistungen kalkulierbar und mit den ihm zur Verfügung stehenden Mitteln beherrschbar bleibt. ... Vorbeugende Gesundheitsvorsorge, soweit sie sozialer Hilfen, der Gesundheitshilfen, bedarf, muß daher dem Sozialversicherungsprinzip zugeordnet werden können. Dies macht es verständlich, daß Gesundheitsvorsorge sich dort entwickelt hat, wo 1. Versicherungsleistungen erspart werden können und 2. Maßnahmen zur Verfügung stehen, um diesen Effekt zu erzielen.« (von Ferber 1985, 16) Es ist sehr schwierig, wenn nicht unmöglich, den von v. Ferber unterstellten Wirtschaftlichkeitseffekt zahlenmäßig zu belegen. Es handelt sich um eine reine Plausibilitätsüberlegung, die nicht alle Experten teilen. Unter Gesundheitsökonomen gibt es auch die gegenteilige, genauso wenig empirisch abgesicherte These: Die Prävention sei für die GKV eine teure Angelegenheit, da sie bei Erfolg die Lebenserwartung der Menschen erhöhe, was zu mehr Behandlungskosten führe.

Tatsächlich hat die GKV die Gesundheitsförderung nicht in erster Linie in ihren Leistungskatalog aufgenommen, weil sie sich davon Kosteneinsparungen erwartete. Den Krankenkassen ging es vorrangig um eine Marketingstrategie, die gut verdienende Versicherte anwerben oder halten sollte. Vorreiter der Gesundheitsförderung waren im GKV-System die AOK und die Betriebskrankenkassen (BKK). Auf dem Ortskrankenkassentag 1977 wurde erstmals die Parole ausgegeben, die AOK zu einem dienstleistungsorientierten Unternehmen umzugestalten, das sich auch um die gesundheitliche Beratung ihrer Versicherten kümmern sollte. Der damalige Vorstandsvorsitzende des AOK-Bundesverbandes Alfred Schmidt forderte, die AOK habe sich zum Thema Gesundheit »als Einrichtung zu präsentieren, die in diesem Felde Kompetenz besitzt«. Aus der zuvor mit schläfrigen Beamten, Ärmelschonern und muffigen Schalterhallen assoziierten Ortskrankenkasse sollte u. a. mit Hilfe attraktiver Angebote in der Gesundheitsförderung eine moderne, versichertenorientierte »Gesundheitskasse AOK« gemacht werden. Praktisch umgesetzt wurde diese neue Unternehmensphilosophie zunächst in einigen »Vorzeigekassen«, wie etwa der AOK Mettmann. Zur gleichen Zeit bemühten sich die BKKen um einen ähnlichen Weg. Sichtbares Zeichen war Anfang der 80er Jahre die Finanzierung bzw. Unterstützung von Forschungsprojekten zu gesundheitlichen Problemen am Arbeitsplatz, die auch heute noch in vieler Hinsicht mustergültig sind. Erklärtes Ziel war die Profilierung der BKK als einer besonders betriebs- und versichertennahen Kassenart.

Ein Blick auf die Mitgliederstatistik der GKV zeigt, weshalb sich gerade die AOK und die BKK als ausgesprochen traditionell geltende Kassenarten für die Gesundheitsförderung stark machten. Beide hatten unter hohen Mitgliederverlusten zu leiden. Lag der Marktanteil der AOK 1950 noch bei 68,5 %, so sank er bis 1970 auf 52,1 %, um dann bis 1980 auf 46,7 % und bis 1987 weiter auf 43,9 % zu fallen. Die BKKen hatten zwar bis 1970 einen steigenden Marktanteil zu verzeichnen (von 11,4 % 1950 auf 13,6 %), mußten sich aber 1987 mit 11,6 % bescheiden. Gleichzeitig war der Marktanteil der Ersatzkassen kontinuierlich gewachsen: von 9,1 % 1950 auf 24,2 % 1970 und 34,5 % 1987.

Insbesondere für die AOK hatte die Abwanderung von Angestellten zu den Ersatzkassen eine deutliche Verschlechterung ihrer Risikostruktur zur Folgen. Sie mußte sich vor allem für besserverdienende Angestellte attraktiv machen. Angesichts eines seit Ende der 60er Jahre so gut wie identischen Leistungskataloges in allen Kassen konnte sich eine einzelne Kassenart nur durch ihre besondere Präsentation hervorheben. Dafür bot sich die Gesundheitsförderung geradezu an, da sie zwei für den Wettbewerb mit den Ersatzkassen wichtige Eigenschaften aufzuweisen scheint:

– Es handelt sich um Leistungen, die vor allem gebildete und besserverdienende Schichten ansprechen, die es als »gute Risiken« für den Versichertenbestand zu halten oder zu gewinnen gilt.

– Wegen der relativen Unbestimmtheit der Leistungen, die sich hinter dem Wort »Gesundheitsförderung« verbergen, bietet sich hier ein Terrain zur Profilierung einer Kassenart gegenüber ihren Konkurrenten an.

Die nicht zu bestreitende Tatsache, daß die Gesundheitsförderung aus Gründen des Marketings und der politischen Kosmetik, kaum aber wegen gesundheitspolitischer Zielsetzungen Eingang in die GKV gefunden hat, spricht jedoch nicht gegen diesen Leistungsbereich als solchen. Zu prüfen ist die Qualität der Angebote, die die Krankenkassen in der Gesundheitsförderung gemacht haben, und nicht deren unternehmenspolitische Zielsetzungen.

Die Krankenkassen[1] gaben 1995 rund 1,6 Mrd. DM für Gesundheitsförderung und soziale Dienste aus. Das macht pro Mitglied etwa 28 DM, d. h. 0,6 % der gesamten Leistungsausgaben der GKV. Trotz dieser relativ geringen Summe war die Gesundheitsförderung in den Medien schon seit längerem unter Beschuß geraten. Laufend wurde in der Presse und einschlägigen Fernsehmagazinen über Fälle von in der Tat dubiosen Angeboten von Krankenkassen berichtet, wie Disco-Abende für Berufsanfänger, Snowboard-Wochenenden, Partytips für Hausfrauen oder die immer wieder gern zitierten Bauchtanzkurse. Tenor der Berichterstattung war durchweg: Die Krankenkassen schreiben rote Zahlen, werfen aber unter dem Etikett »Gesundheitsförderung« Millionenbeträge zum Fenster hinaus für Freizeitvergnügen kerngesunder Mitglieder. In dieses negative Bild paßten auch die meist ausgesprochen peinlichen Werbespots der Krankenkassen oder die Sponsorentätigkeit für Profifußballklubs[2], auch wenn diese Aktivitäten nicht über die Haushaltskonten der Gesundheitsförderung, sondern über die allgemeinen Verwaltungskosten abgerechnet werden.

1 Wir danken Gerd Marstedt für das bereitgestellte Material zur Frage der Gesundheitsförderung.
2 Die AOK Rheinland ist Sponsor des Bundesligaclubs Borussia Mönchengladbach.

Dieses negative Image löst sich bei näherer Betrachtung von Teilnehmern an Angeboten der Gesundheitsförderung auf. Wieder einmal wurden Einzelfälle stilisiert und verdecken einen Trend, der ganz im Sinne von eigenverantwortlichen und gesundheitsbewußten Versicherten steht. Eine repräsentative Befragung des Berliner Instituts für epidemiologische Forschung von 5000 Personen über 14 Jahre in den alten und neuen Bundesländern liefert dazu einige aufschlußreiche Einsichten (Kirsch u. a. 1994).

Demnach hatten 17 % der über 14jährigen, das wären ca. 11 Mio. Personen, im Jahre 1994 überhaupt schon einmal einen Gesundheitskurs besucht, bei Volkshochschulen, Vereinen, Kirchen, zumeist jedoch bei einer Krankenkasse. 21 % der Frauen hatten Angebote zur Gesundheitsförderung wahrgenommen, während es bei den Männern nur 12 % waren. Zwei Motive standen dabei im Vordergrund: 42 % gaben »Krankheiten und gesundheitliche Beschwerden« an, 41 % sagte:»Ich wollte endlich etwas für mein Wohlbefinden tun.« Die Autoren der Studie kommen zusammenfassend zu folgendem Psycho-Profil des typischen Besuchers von Gesundheitskursen. Er/sie

- lebt häufiger gesundheitsbewußt als der Durchschnitt der Bevölkerung (raucht nicht, treibt Sport, meidet Alkohol),
- nimmt häufiger als andere die medizinische Versorgung in Anspruch (Zahl der Arztbesuche, Teilnahme an Früherkennungs- und Vorsorgeuntersuchungen),
- beurteilt den eigenen Gesundheitszustand schlechter und ist häufiger von Krankheiten betroffen.

Demnach ist die Inanspruchnahme von Angeboten der Gesundheitsförderung vor allem eine Antwort auf Krankheiten und Beschwerden. Sie ist eingebettet in ein insgesamt gesundheitsbewußteres Alltagsverhalten, wobei dies bei Frauen ausgeprägter ist als bei Männern. Dies hat eine neuere Untersuchung vom Zentrum für Sozialpolitik der Universität Bremen noch einmal bestätigt:

- Frauen haben sich doppelt so oft an Maßnahmen zur Gesundheitsförderung beteiligt wie Männer. Dieser Effekt zeigt sich ganz unabhängig von anderen Faktoren wie Erwerbstätigkeit, Arbeitszeitumfang oder Krankheit, ist also eindeutig geschlechtsspezifisch. Das stimmt mit den allgemeinen Erkenntnissen der Medizinsoziologie überein.

- Fast zwei Drittel der Befragten gaben als Teilnahmemotiv die Hoffnung auf eine »Besserung körperlicher Beschwerden« an. Jeder Dritte wollte etwas »für die körperliche Fitneß und Kondition tun«, und etwa jeder Vierte wünschte sich eine »Besserung des seelisch-nervlichen Befindens«. Gesundheitsfremde Motive wie »besseres Aussehen, gute Figur« oder »Leute mit ähnlichen Interessen treffen« lagen in der Befragung ganz weit hinten.
- Nur 12 % der Teilnehmer haben keinerlei persönlichen Nutzen erkennen können. Jedoch haben bei ca. 40 % die körperlichen Beschwerden abgenommen; ca. 30 % fühlen sich insgesamt wohler, und ca. 40 % betonen, jetzt bewußter mit ihrer Gesundheit umzugehen.
- Die Kursbesucher gehen häufiger zum Arzt als der Durchschnitt, wissen mehr als andere über Medizin- und Gesundheitsfragen und verhalten sich gesundheitsbewußter z. B. in bezug auf Rauchen oder Alkoholkonsum.
- »Gesundheit« spielt bei den Interessen, Motiven und Identitätsfragen dieser Personen eine überdurchschnittlich große Rolle. Es handelt sich vorwiegend – insbesondere bei Frauen – um die Altersgruppe zwischen 30 und 50 mit mittlerem Bildungsniveau und beruflicher Stellung als Angestellte.

Interessant ist, daß nicht in erster Linie schwerwiegende akute oder chronische Erkrankungen zu veränderten Alltagsgewohnheiten und zum Besuch von Gesundheitskursen führen. Auslöser sind vor allem erste Erfahrungen nachlassender körperlicher Leistungsfähigkeit: ein erstmals vom Körper mit massiven Beschwerden bestrafter Raubbau mit den eigenen Kräften, nach durchzechter Nacht, wochenlangen Überstunden oder jahrelanger Fast-food- bzw. schlechter Kantinenernährung. Es ist die erste, auch körperlich spürbare Erfahrung mit nachlassenden Widerstandskräften, mit dem Altern und dem ersten »Zipperlein«.

Zusammenfassend läßt sich also sagen, daß die Gesundheitsförderung für eine durchaus beachtliche Zahl von Versicherten eine positive Funktion hatte. Sie diente als Motivationsverstärker, unterstützte Veränderungen im Gesundheitsverhalten und führte zu einem bewußteren Umgang mit dem Körper. Empirische Untersuchungen konnten das Vorurteil, bei der Gesundheitsförderung handele es sich um reinen »Wettbewerbsschnickschnack«, klar widerlegen. Das heißt nicht, daß das Angebot der Krankenkassen immer sachgerecht war. Zu beklagen war ein Mangel an geschlossener Konzeption und Zielorientierung, insbesondere mit Richtung auf bislang noch nicht erreichte Personen. Vor allem aber hatten es die Krankenkassen versäumt, die Qualität der Gesundheitsförderung zu kontrollieren und sie insgesamt effektiver zu gestalten. Sie standen daher den populistischen Attacken in der Öffentlichkeit recht hilflos gegenüber. Als sie dies erkannten und unterschriftsreife Vereinbarungen zur Qualitätssicherung in der Gesundheitsförderung erarbeitet hatten, war es bereits zu spät. Die Gesundheitsförderung war bereits aus dem Leistungskatalog der GKV gestrichen. Diesen Schritt als »Stärkung der Eigenverantwortung« zu verkaufen, erscheint allerdings widersinnig. Denn gerade die Gesundheitsförderung zielt auf eben diese Stärkung der Eigenverantwortung.

Was bleibt: das Kernangebot

Für die Forderung, die Angebote der GKV auf einen Kern unverzichtbarer Pflichtleistungen zu reduzieren und den Rest der privaten Finanzierung durch die Bürger zu überlassen, existieren zwei Modelle. Denkbar sind auch Kombinationen:

– *Obligatorische Kern- und freiwillige Zuwahlleistungen.* Dieses Modell sieht einen Kern von Pflichtleistungen für alle Versicherten vor. Über diese Kernleistungen hinaus kann jeder einzelne seinen Versicherungsschutz durch Zuwahl erweitern. Grafisch läßt sich dieses Modell wie Kernobst darstellen, es wird daher auch als »*Pfirsichmodell*« bezeichnet.

– *Freiwillige Abwahl von Leistungen.* In dieser als »*Zwiebelmodell*« bekanntgewordenen Option wird der Leistungskatalog der GKV umfassend als Vollversorgung gestaltet, jedoch haben die Versicherten die Möglichkeit, eine Schicht von Leistungen nach der anderen quasi wie bei einer Zwiebel abzuschälen bis auf einen unverzichtbaren Kern (vor allem Großrisiken), bei entsprechender Beitragsreduzierung.

Pfirsich- und Zwiebelmodell gleichen sich insofern, als beide einen nicht antastbaren Kern von Leistungen vorsehen, den die Kassen auf alle Fälle anbieten müssen. Diese Modelle stehen und fallen also damit, wie gut sich die Kernleistungen definieren lassen. Der SVR nennt in seinem Gutachten 1994 hierfür Auswahlkriterien, die sich aus medizinischen und ökonomischen Aspekten ableiten:

– Unter medizinischen Gesichtspunkten zählt der SVR dringliche Behandlungen, also alle Notfallbehandlungen, zu den Kernleistungen. Die Behandlung akuter Erkrankungen soll dagegen nur in lebensbedrohenden Fällen als Kernleistung gelten. Auf jeden Fall müßten medizinische Experten eine »Positivliste« von unverzichtbaren Leistungen zusammenstellen.

– Als ergänzendes ökonomisches Merkmal zieht der SVR das »Großrisiko« hinzu, das sich relativ gut über die Höhe der Behandlungskosten definieren und operationalisieren ließe. Allerdings sei es sehr schwierig zu bewerten, ab wann ein »Großrisiko« vorliege, da dies von den Einkommensverhältnissen der Versicherten abhänge. Man könne z. B. daran denken, Großrisiken als prozentualen Anteil am Einkommen zu definieren und entsprechende Überforderungsklauseln in das Leistungsrecht der GKV einbauen.

Beide Ansätze laufen also auf eine wirtschaftlich begründete Rationierung von Leistungen hinaus, bei der die medizinische Orientierungen nur vordergründig eine Rolle spielen. Der SVR hält sich bei der konkreten Beschreibung der Kernleistungen nicht ohne Grund bedeckt, denn das ethische Dilemma zwischen dem Eid des Hippokrates und rein ökonomischen Erwägungen vermag auch er nicht zu lösen.

Diese Schwierigkeit zeigt sich besonders deutlich bei dem Begriff »Großrisiko«, der in engen Zusammenhang mit lebensbedrohenden Zuständen gebracht wird. Beschränkt man die Leistungen der GKV auf diesen Bereich, wird das sichere Ergebnis eine drastische rein statistische Zunahme von lebensgefährdenden Krankheiten sein. Jeder Arzt, der sich seiner sozialen und medizinischen Verantwortung bewußt ist, wird jede ernsthafte, aber nicht unbedingt bedrohliche Erkrankung zum Großrisiko erklären. Er macht dies zum einen, um seine Patienten vor finanziellem Schaden zu schützen, und natürlich auch, um sie so an sich zu binden. Vor allem aber gibt es handfeste medizinische Gründe für ein solches Handeln. Scheinbar harmlose Erkrankungen können sich bald zu sowohl gesundheitlichen als auch ökonomischen »Großrisiken« entwickeln, wenn sie nicht rechtzeitig behandelt werden. Jeder Versuch, die Pflichtleistungen der GKV auf wie auch immer definierte »Großrisiken« zu beschränken, ist deshalb nicht nur in ethischer, sondern auch in medizinischer und wirtschaftlicher Hinsicht äußerst fragwürdig.

Auch abgesehen von ökonomischen Skrupeln macht die Forderung, die GKV-Leistungen auf Großrisiken zu beschränken, ökonomisch keinen Sinn. 75 % der GKV-Ausgaben entfallen nämlich auf nur 10 % der Versicherten (siehe Kapitel 4), allesamt Schwerkranke, von denen niemand behaupten würde, es handele sich um minderschwere Fälle. Kosten lassen sich hier also kaum sparen.[1]

Den Protagonisten einer Aufteilung der GKV-Leistungen in Pflicht- und Wahlangebote geht es bei Licht besehen gar nicht darum, die Ressourcen im Gesundheitswesen besser und gerechter zu verteilen. Ziel aller Modelle mit Pflicht- und Wahlleistungen ist eine weitere Privatisierung der Krankheitsrisiken. Wenn es wirklich darum ginge, die Leistungen der Krankenkassen auf das medizinisch Notwendige zu beschränken, müßte eigentlich nur das bestehende Leistungsrecht konsequent angewendet werden. Dort ist die Orientierung am »medizinisch Notwendigen« seit eh und je Grundlage. Im §70 Abs. 1 SGB V ist festgelegt, daß die Krankenkassen und Leistungserbringer (i. e. Ärzte, Krankenhäuser usw.) »eine bedarfsgerechte und gleichmäßige, dem allgemein anerkannten Stand der medizinischen Erkenntnisse entsprechende Versorgung den Versicherten zu gewährleisten (haben)«. Dabei unterstehen sie nach §12 Abs. 1 SGB V einem Wirtschaftlichkeitsgebot: »Die Leistungen

---

1 In den USA werden Großrisiken sogar wegen deren »Nichtversicherbarkeit« von den Standardtarifen der meisten Versicherungen nicht abgedeckt.

müssen ausreichend, zweckmäßig und wirtschaftlich sein; sie dürfen das Maß des Notwendigen nicht überschreiten. Leistungen die nicht notwendig oder unwirtschaftlich sind, können Versicherte nicht beanspruchen, dürfen die Leistungserbringer nicht bewirken und die Krankenkassen nicht bewilligen.« Dieser Passus provoziert immer wieder das Mißverständnis, die medizinische Versorgung könne durch leistungsrechtliche Manipulationen wirtschaftlicher gestaltet werden. Tatsächlich ist das Gebot der Wirtschaftlichkeit jedoch so zu verstehen, daß notwenig ist, was auch wirksam ist.

Es hat in den vergangenen 20 Jahren in so gut wie jedem der zahlreichen Kostendämpfungsgesetze Ansätze gegeben, die Leistungen der GKV zusammenzustreichen:

– Bei Zahnersatz darf schon seit Jahren Edelmetall nur noch sehr begrenzt verwendet werden. Große Brücken und bestimmte Verbindungselemente werden ebenfalls von der GKV nicht mehr bezahlt.
– Arzneimittel gegen geringfügige Gesundheitsstörungen sowie Erkältungs- und Reisekrankheiten wurden ebenso auf eine sog. »Negativliste« der nicht erstattungsfähigen Medikamente gesetzt wie unwirtschaftliche, in ihrer Wirkung zweifelhafte Präparate. Hilfsmittel (Bandagen usw.) mit umstrittenem Nutzen oder niedrigem Preis werden ebenso nicht mehr von den Kassen getragen.
– Für die erstattungsfähigen Arznei-, Verbands- und Hilfsmittel hat 1989 der damals für die Krankenkassen zuständige Arbeitsminister Blüm Festbeträge[1] eingeführt.
– Das Sterbegeld wurde für die nach dem 1. Januar 1989 Versicherten gestrichen, für die übrigen bei 2100 DM bzw. 1050 DM (bei mitversicherten Angehörigen) eingefroren.

Hinzu kamen regelmäßige Erhöhungen von Zuzahlungen bei Arz-

---

1 Im System der Festbeträge wird der Arzneimittelmarkt in drei Gruppen eingeteilt mit 1. denselben Wirkstoffen, 2. pharmakologisch-therapeutisch vergleichbaren Stoffen sowie 3. vergleichbarer Wirkung. Die Kassenärztliche Bundesvereinigung und die Spitzenverbände der Krankenkassen legen fest, welche Arzneimittel mit Festbeträgen versehen und entsprechend eingruppiert werden. Die Krankenkassen bestimmen dann den Betrag, den sie für diese Arzneimittel jeweils erstatten, wobei sie sich an durchschnittlichen Marktpreisen orientieren.

neimitteln, Physiotherapie, Zahnersatz, Krankenhausaufenthalten, medizinischer Rehabilitation und Kuren. Der letzte mittlerweile selbstbeteiligungsfreie Bereich ist die ambulante medizinische Behandlung durch den Kassenarzt. Das Leistungsrecht als Steuerungsinstrument in der GKV scheint so gut wie ausgereizt.

Die aus dem 1. und 2. GKV-Neuordnungsgesetz vom Juli 1997 (1. und 2. NOG) bestehende »3. Stufe der Gesundheitsreform« hat jedoch nicht nur Zuzahlungserhöhungen in bislang unbekanntem Ausmaß beschert. Sie hat auch erstmals in der Geschichte der GKV ganze Leistungsbereiche praktisch aus deren Angebot entfernt: die Gesundheitsförderung und den Zahnersatz. Vor allem die zahnmedizinische Versorgung wird zum Modellfall einer reaktionären, auf Privatisierung der Krankheitsrisiken ausgerichteten Politik.

Modellfall einer GKV-light: die zahnmedizinische Versorgung«[1]

Den führenden Funktionären der Zahnärzte ist ein politischer Coup gelungen, den kaum jemand bemerkt hat. Die drastisch erhöhten Zuzahlungen bei Arzneimitteln und Krankenhausaufenthalt, die Leistungskürzungen in der medizinischen Rehabilitation und der damit verbundene Abbau von Arbeitsplätzen in einer zuvor blühenden Branche – all das wurde in der Presse ausführlich gewürdigt. Kaum jemand hat jedoch davon Notiz genommen, daß durch die 1996 und 1997 verabschiedeten GKV-Gesetze die gesamte zahnmedizinische Versorgung systematisch aus der GKV ausgegliedert wird. Die zahnmedizinische Versorgung ist zu einem Modellfall für die Privatisierung unseres Gesundheitswesens gemacht worden.

Bislang gewährten die Krankenkassen volle Kostenübernahme bei zahnerhaltenden Maßnahmen (Prophylaxe, Füllungen usw.), Extraktionen und – unter bestimmten Voraussetzungen – kieferorthopädischen Behandlungen bei Jugendlichen sowie die Übernahme von 50 % der Kosten für Zahnersatzleistungen (Brücken,

1 Wir danken Dr. med. dent. Jochen Brückmann für wertvolle Hinweise zum folgenden Abschnitt.

Kronen, Gebisse usw.). Von diesem Leistungspaket wurde in drei Schritten Abschied genommen:
– Alle nach dem 31. 12. 1978 geborenen Versicherten erhalten keine Zuschüsse mehr für Zahnersatzleistungen.
– Alle anderen Versicherten müssen Zahnersatzleistungen direkt mit ihrem Zahnarzt nach den Regeln der Privaten Krankenversicherung (PKV) abrechnen.
– Zahnmedizinische Innovationen werden entweder gar nicht (z. B. Implantate) oder nur noch teilweise (z. B. neue Füllmaterialien) von der GKV bezahlt.

Für die Qualität der zahnmedizinischen Versorgung hat das verheerende Konsequenzen. Nutznießer sind dabei nur diejenigen Zahnärzte, deren Klientel genug Geld hat, um die höheren Preise zu zahlen. Viele Patienten werden jedoch ausbleiben oder sich anstelle einer teuren Zahnkrone lieber den Zahn ziehen lassen, da das die einzige Leistung ist, die die Krankenkassen noch bezahlen. Es besteht die Gefahr, daß auch in Deutschland – wie in den armen Regionen Südeuropas – der Sozialstatus der Menschen bald an ihren Zahnlücken zu erkennen ist.

Ausgrenzung nachwachsender Generationen

Alle Versicherten, die nach dem 31.12. 1978 geboren wurden, erhalten ab dem 1.1. 1997 von ihrer Krankenkasse keine Zuschüsse mehr für Zahnersatzleistungen. Sie müssen eine Krone oder anderen Zahnersatz komplett selbst bezahlen, von einem eng begrenzten Katalog von Ausnahmen abgesehen (z. B. bei Folgen von nicht selbst verschuldeten Unfällen). In der Presse wurde diese Bestimmung gelegentlich so dargestellt, als würde sie nur für Versicherte bis zur Vollendung des 18. Lebensjahres gelten. Das ist falsch. In Zukunft werden nur noch die Versicherten der Jahrgänge 1978 und älter Zahnersatzleistungen über ihre Krankenkasse erhalten, was den schleichenden, aber sicheren Ausstieg der GKV aus der Versorgung mit Zahnersatz bedeutet. Damit wird erstmalig nicht nur eine ganze Versichertengruppe, sondern auch ein kompletter Leistungsbereich aus der GKV ausgegrenzt. Zur Zeit ist die Zahl der Betroffenen noch sehr gering. Die praktischen Auswirkungen werden erst in 10 bis 20 Jahren richtig spürbar, wenn die heute 18- und 19jährigen in einem Alter sind, in dem erfahrungsgemäß die ersten Kronen fällig sind. Es liegt auf der Hand, daß diese Ausgrenzung einer ständig steigenden Zahl jüngerer Versicherter den Generationenvertrag, von dem auch die GKV lebt, nicht gerade populärer macht.

Offiziell wird diese Maßnahme damit begründet, daß Zahnschäden dank eines nunmehr ausreichenden Vorsorgeangebots vermeidbar und von den Versicherten selbst zu verantworten seien. Alle epidemiologischen Erkenntnisse zeigen jedoch, daß sowohl Zahnerkrankungen als auch der Zugang zur Prophylaxe in der Bevölkerung nach wie vor sehr unterschiedlich verteilt sind:

– Es kann keine Rede davon sein, daß die betroffenen Jahrgänge ein ausreichendes Prophylaxeangebot hatten, somit Zahnschäden hätten vermieden werden können. Die Bundesregierung mußte in einer Antwort auf die Kleine Anfrage von Bündnis 90/Die Grünen im Bundestag einräumen, daß Kindergärten nur zwischen 48 % und 73 % – je nach Region – in gruppenprophylaktische Projekte eingebunden sind. In den Schulen sieht es noch weit schlechter aus. Aber nur an diesen Orten ist allen Kindern ein rechtzeitiger Zugang zur zahnmedizinischen Vorsorge möglich.

– Die Individualprophylaxe in der Zahnarztpraxis, deren Effektivität ohnehin umstritten ist, können nunmehr zwar alle Versicherten in Anspruch nehmen (bislang nur Patienten im Alter zwischen 7 bis 18 Jahren). Jedoch wird dieses Angebot erfahrungsgemäß nur von einer Minderheit genutzt. Auswertungen von Krankenkassendaten haben ergeben, daß die Zahl der in einem Jahr in Anspruch genommenen individualprophylaktischen Maßnahmen bei nur 40 % der bislang 11,5 Mio. Anspruchsberechtigten liegt. Fachleute gehen davon aus, daß die Zahl der tatsächlich erreichten Kinder und Jugendlichen bei höchstens 25 % liegt, da die Zahnärzte innnerhalb eines Jahres Prophylaxepositionen mehrfach abrechnen können, somit Doppelzählungen vorliegen.

– Das Institut der Deutschen Zahnärzte hat in einer zwischen 1989 und 1992 durchgeführten Studie über die Mundgesundheit festgestellt, daß bei Kindern ein deutlicher Zusammenhang zwischen ihrem Gebißzustand und dem sozialen Status der Eltern besteht. So konzentrieren sich z. B. bei den Acht- bis Neunjährigen 71 % der Karies auf 28 % der Angehörigen eines Jahrgangs. Dabei ist der Karies- und Paradontitisbefall bei Kindern von Eltern mit niedriger Schulbildung dreimal so hoch wie bei Kindern von Eltern mit höherer Schulbildung. Die besonders von Karies gefährdeten Kinder haben die geringsten Zugangsmöglichkeiten zu Prophylaxemaßnahmen, was insbesondere für die Individualprophylaxe in der Zahnarztpraxis gilt. Diese schon als Kinder benachteiligten Menschen werden mit hoher Wahrscheinlichkeit bereits im jungen Erwachsenenalter einen erheblichen Bedarf an Zahnkronen haben, diese dann aber nicht bezahlen können, weil die Krankenkasse nichts mehr zuschießt.

Zahnersatz für Zahlungskräftige

Der eigentliche Systemwechsel hin zum PKV-Modell ist mit einer weiteren Maßnahme nicht nur eingeleitet, sondern sogar vollzogen worden. Auch die vor 1979 geborenen Versicherten müssen Zahnersatzleistungen mehr und mehr aus der eigenen Tasche zahlen. Auf den ersten Blick scheint sich mit dem 2. NOG gar nicht soviel geändert zu haben. Bislang zahlte die Kasse die Hälfte der Kosten; nunmehr erhalten die Versicherten einen Festzuschuß, dessen aktuelle Höhe in etwa bei 50 % der Gesamtkosten liegt. Allerdings ist Abrechnungsbasis nicht mehr der Bewertungsmaßstab der GKV (Bema), sondern die für die PKV geltende Gebührenordnung Zahnärzte (GOZ), und das hat große Nachteile für die in der GKV versicherten Patienten:
– Die Patienten rechnen das gesamte Honorar direkt mit ihrem Zahnarzt ab und holen sich den Zuschuß von ihrer Krankenkasse. Früher hatten sie 50 % eines zwischen Krankenkassen und Kassenzahnärztlicher Vereinigung gemäß Bema vertraglich vereinbarten Betrages an ihren Zahnarzt zu zahlen; den Rest rechneten die Zahnärzte mit der Kasse ab. Nunmehr besteht zwischen

Zahnärzten und ihren GKV-Patienten bei Zahnersatzleistungen ein privatrechtliches Verhältnis; abgerechnet wird wie bei einem normalen Kaufvertrag. Für die Zahnärzte hat dies den Vorteil, daß sie ihre Leistungen nicht mehr mit den Krankenkassen abrechnen und dementsprechend auch ihnen gegenüber nicht rechtfertigen müssen. Eine Wirtschaftlichkeits- und Qualitätsprüfung vor und nach der Behandlung durch die Krankenkassen findet nicht mehr statt; die GKV-Patienten sind den Zahnärzten in dieser Beziehung regelrecht ausgeliefert. Da geht es sogar den privat versicherten Patienten noch besser, deren Versicherung die Rechnungen der Zahnärzte auf Stichhaltigkeit prüfen und gelegentlich auch Qualitätskontrollen durchführen können.

– Die Honorare für Zahnersatzleistungen sind gesetzlich nur bis Mitte 1999 limitiert. Sie sollen das 1,7fache des GOZ-Satzes nicht überschreiten; das ist in etwa das in dem bislang geltenden Bewertungsmaßstab der GKV geltende Niveau. Diese Preisbindung entfällt zum 1. Juli 1999. Dann können die Zahnärzte auch bei Kassenpatienten frei nach der GOZ liquidieren. Das bedeutet, sie können mit den Patienten sogenannte Abdingungsverträge schließen, die Honorare bis zum 6fachen der GOZ-Gebühren ermöglichen. Auf jeden Fall werden sich die Zahnärzte dann nicht mehr mit dem 1,7fachen GOZ-Satz zufriedengeben, sondern das bei Privatpatienten zumeist übliche 2,3 oder 3,5fache verlangen. Dann liegt der Festzuschuß auch nicht mehr bei 50 %, sondern bei höchstens einem Drittel.

Die zahnärztliche Standespresse feiert – bis auf wenige Ausnahmen – die Privatisierung der Zahnersatzleistungen als großen Durchbruch in eine buchstäblich goldene Zukunft. Wenn sie sich da nicht täuscht! Viele Bürger werden sich den teuren Zahnersatz in Zukunft nicht mehr leisten können. Die Nachfrage nach Kronen und Brücken wird deutlich zurückgehen, insbesondere in den neuen Ländern, und damit auch der Umsatz vieler Zahnärzte. Die Mehrheit der Zahnärzte dürfte es schwer haben, die dadurch entstehenden Umsatzeinbußen durch Honorarzuwächse bei besserverdienenden Patienten auszugleichen. Profitieren werden nur Zahnärzte mit einer zahlungskräftigen Klientel.

Keine Innovationen für Kassenpatienten

Der bei Zahnersatz offen vollzogene Schritt zum PKV-Modell wird flankiert von einer Strategie der systematischen Vorbereitung des Ausstiegs der gesamten Zahnmedizin aus der GKV. Bereits seit Jahren läuft ein von der Öffentlichkeit weitgehend unbemerkter Prozeß der schleichenden Ausgrenzung zahnmedizinischer Innovationen aus dem Leistungsspektrum der GKV. Verursacht wurde diese Entwicklung durch die Weigerung der Zahnärztefunktionäre, mit den Spitzenverbänden der Krankenkassen über eine Revision des Bewertungsmaßstabes für zahnärztliche Leistungen (Bema) zu verhandeln. Dort wird in Form von Punkten festgelegt, wie hoch eine bestimmte Leistung im Verhältnis zu anderen zu bewerten ist, wobei Zeitaufwand, Materialkosten und Stand der Technik berücksichtigt werden sollten. Der Bema ist seit 1962 (!) so gut wie unverändert in Kraft, d. h. die zahnärztlichen Leistungen werden auf Basis völlig veralteter zahnmedizinischer Standards vergütet. Die zwangsläufige Folge dieses Anachronismus ist die systematische Ausgrenzung des zahnmedizinischen Fortschritts aus der sozialen Krankenversicherung, was auch das erklärte Ziel von Funktionären der Zahnärzte war und ist.

Die Krankenkassen haben wiederholt eine Gesetzesänderung gefordert, die es dem Bundesgesundheitsministerium als Aufsichtsbehörde ermöglicht, den Bewertungsmaßstab den Veränderungen in der Zahnmedizin anzupassen, unabhängig von der zahnärztlichen Selbstverwaltung. Dem ist die Bundesregierung nicht nur nicht gefolgt, sie hat sogar dafür gesorgt, daß Innovationen bei zahnerhaltenden Maßnahmen noch nicht einmal mehr bezuschußt werden dürfen, desgleichen wichtige zahnärztliche Leistungen, die im Zusammenhang mit Zahnersatz anfallen können:
– Angeheizt durch spektakuläre, nicht immer sachgerechte Fernsehberichte über mögliche Schädigungen durch Amalgamfüllungen ist in den vergangenen Jahren die Nachfrage nach alternativen Füllmaterialien steil angestiegen. Mittlerweile gibt es auch keinen wissenschaftlich haltbaren Zweifel mehr daran, daß hochwertigen Füllungen aus Kunststoff in vielen Fällen, z. B. bei ka-

riösem Erstbefall auch in Backenzähnen, der Vorzug vor Amalgam gegeben werden sollte. Das hat dazu geführt, daß in vielen Zahnarztpraxen kaum noch Amalgam verwendet wird. Allerdings müssen die Patienten die durch alternative Füllmaterialien gegenüber Amalgamfüllungen entstandenen Mehrkosten selbst tragen. Sie stehen vor der Alternative: entweder eine Amalgamfüllung mit großem Loch und der Opferung gesunder Zahnhartsubstanz auf Kosten der Krankenkasse oder der Griff ins Portemonnaie für eine prophylaxeorientierte Kunststofffüllung.

– Im Rahmen von Zahnersatzanfertigungen ist gelegentlich die Diagnostik und Therapie von Kiefergelenkserkrankungen erforderlich, ebenso – bei zahnlosem Unterkiefer – die Implantation künstlicher Zahnwurzeln. Derartige Leistungen konnten bislang von den Krankenkassen nach zahnmedizinischer Begutachtung übernommen, zumindest aber bezuschußt werden. Seit dem 1. Januar 1997 müssen die Patienten die Kosten in voller Höhe selbst tragen. Das gilt auch für Fälle mit harter medizinischer Indikation. Welche Konsequenzen das im Einzelfall haben kann, zeigt ein aktuelles Urteil des Landgerichts Weiden, das einem Zahnarzt die Zahlung eines hohen Schmerzensgeldes auferlegte, weil er Zahnersatz ohne Kiefergelenksdiagnostik eingegliedert hatte.

In dieser Abkoppelung der Kassenpatienten vom zahnmedizinischen Fortschritt liegt eine noch größere Gefahr für die soziale Krankenversicherung als in der Erhöhung von Zuzahlungen, ohne damit letztere Tendenz verharmlosen zu wollen. Vor allem durch die Ausgrenzung alternativer Füllungen ist der Ausstieg der gesamten Zahnmedizin aus dem Leistungskatalog der GKV praktisch vorprogrammiert.

Es geht bei diesen Neuregelungen nicht nur um die Zahnmedizin. Sie ist das Experimentierfeld für die generelle Zerschlagung der GKV als Einrichtung, die für die umfassende medizinische Versorgung der Bevölkerung zuständig ist. Das ist das erklärte Ziel der FDP, des Wirtschaftsflügels der CDU/CSU, von Arbeitgebern und ihren publizistischen Sprachrohren. Die Einführung der Kostenerstattung in der ambulanten medizinischen Versorgung zielt in genau diese Richtung. Der ebenso konservative wie in der Ärzteschaft einflußreiche Hartmannbund macht keinen Hehl aus seinem politischen Ziel, die in der Zahnmedizin eingeführten Regelungen der privaten Abrechnung zwischen Arzt und Patient auch in den normalen Arztpraxen einzuführen und das System der Verhandlungen zwischen Kassenärztlichen Vereinigungen und Krankenkassen damit praktisch zu liquidieren.

7. Der Traum vom eigenverantwortlichen Patienten – das Märchen vom freien Gesundheitsmarkt

Seit Mitte der 80er Jahre setzt sich die Forderung nach mehr Markt im Gesundheitswesen in der öffentlichen Debatte immer stärker durch. Was in der Volkswirtschaft insgesamt erfolgreich sei, so die Vertreter dieser Position, könne auch im Wirtschaftszweig Gesundheitswesen nicht verkehrt sein. Hinter dieser Option stehen nicht nicht nur ökonomische, sondern auch gesellschaftspolitische Überzeugungen. Angestrebt wird eine Gesellschaft, in der jeder für sich selbst verantwortlich ist und der Wohlstand des einzelnen sich nur über Marktbeziehungen zu anderen erhalten oder vermehren läßt. Dem hat sich auch die Sozialpolitik unterzuordnen. Diese marktwirtschaftliche Doktrin stößt im Gesundheitswesen an bestimmte Grenzen. Sind reine Marktbeziehungen und damit die individuelle Zahlungsfähigkeit das alleinige Kriterium für den Zugang zur medizinischen Versorgung, kollidiert dies unweigerlich mit der hippokratischen Ethik, jeden Menschen ohne Ansehen seiner Einkommensverhältnisse zu behandeln. Das ist aber für die Verfechter einer marktwirtschaftlichen Ordnungspolitik kein Grund, ihre Überzeugung zu revidieren. Sie gestehen zwar zu, daß im Gesundheitswesen aus sozialen und ethischen Gründen kein völlig freies Spiel der Kräfte von Angebot und zahlungsfähiger Nachfrage möglich ist. Dennoch ließen sich marktkonforme Steuerungstechniken der privaten Versicherungswirtschaft einsetzen, nämlich
– die verstärkte »Individualisierung der Bedarfsdeckung auf dem Gesundheitsmarkt« (SVR), d. h. private Zahlungen und andere Anreize für die Versicherten sowie
– dem Wettbewerb unter Krankenkassen und Leistungserbringern.
Beides sorge für Kostenbewußtsein, angemessene Inanspruch-

nahme und patientenorientiertes Verhalten von Ärzten und Krankenhäusern.

Die Begeisterung für einen freien Gesundheitsmarkt muß sich rasch dämpfen, wenn die möglichen Akteure und die bereits vorhandenen Erfahrungen mit privaten Versicherungen und Steuerungsmechanismen in Betracht gezogen werden. Gerade im Gesundheitsbereich ist es irreführend, auf seiten der Patienten von autonom handelnden Individuen auszugehen. Das »soziale Dilemma« zeigt vielmehr, daß ein großer Teil der Angehörigen der Mittel- und Unterschicht ein deutlich höheres Erkrankungsrisiko besitzt als andere Bevölkerungsteile. Gleichzeitig verfügen diese Gruppen auch über geringere Ressourcen und Chancen, ihr Risiko zu mindern oder zu beseitigen. Unabhängig davon, fehlt es bisher an Belegen, daß private Krankenversicherungen eine bessere Kostenstruktur aufweisen als ihre gesetzlichen Pendants. Privat Versicherte erscheinen genauso »anspruchsvoll« wie gesetzlich Versicherte, und auch der Verwaltungsaufwand, den sie verursachen, ist keineswegs geringer. Der Versuch, mit Selbstbeteiligungen, Beitrags- und Kostenerstattung den Versicherten mehr Eigenverantwortung einzuräumen, hatte bis jetzt ebenfalls noch keinen großen Erfolg. Die Betroffenen fühlen sich häufig von diesen Aufgaben überfordert, und finanzielle Vorteile für die Kassen lassen sich ebenfalls nicht nachweisen.

Das soziale Dilemma des autonomen Versicherten

Die Forderung, die vermeintliche »Vollkaskomentalität« im Gesundheitswesen durch mehr Eigenverantwortung des einzelnen Versicherten abzulösen, ist mehr als ein rhetorischer Appell. Mit ihm wird eine Vorstellung von Gesellschaft transportiert, die die Hauptursachen von Erkrankungen in schädlichen Verhaltensweisen wie falscher Ernährung, Mangel an körperlicher Ertüchtigung, zuviel Alkohol und Tabak sowie falschen Sozialbeziehungen sieht. Ein derart charakterisiertes Erkrankungsrisiko läßt sich nur durch tiefgreifende Änderungen des »Lebensstiles« verringern, d. h. durch Jogging, Gewichtsreduktion, weniger Alkohol, Erlernen von

Streßreduktion oder die Teilnahme an medizinischen Vorsorgeuntersuchungen (Kühn 1993). Eine Vorstellung des Krankheitsge-
schehens, die die Rolle der sozialen und physischen Umwelt bei der
Entstehung und dem Verlauf von Krankheiten betont, wird dadurch
in der Regel konzeptionell und praktisch verdrängt.

Diese Sichtweise birgt eine Fülle von stillschweigenden und weit-
reichenden Annahmen über die persönliche und gesellschaftliche
Situation derjenigen in sich, die hier motiviert und bewegt werden
sollen. Mit den wichtigsten muß sich auseinandersetzen, wer Zweifel an der Machbarkeit und dem Ergebnis der vorgeschlagenen Verhaltensänderung hegt. Dazu gehören u.E. die Annahmen, daß

– die Mehrheit der Krankenversicherten sich in einer vergleichbaren gesundheitlichen Lage befinden bzw. über ein ähnliches Aus-
  gangsrisiko im Hinblick auf eine Erkrankung verfügen,
– die Mehrheit der Krankenversicherten in hohem Maße und kurzfristig in der Lage ist, autonom zu handeln und
– die Chancen, durch eine Verhaltensänderung seine Gesundheit
  zu erhalten oder wiederherzustellen, für die Mehrheit der Krankenversicherten vorhanden sind.

Sind diese Voraussetzungen nicht erfüllt, muß ein Appell zu mehr
Eigenverantwortung sein Ziel verfehlen. Tatsächlich steht die Gesundheitspolitik hier vor einem »sozialen Dilemma«: Dieselben
Gruppen und Schichten der Bevölkerung, die das größte Risiko tragen zu erkranken, behindert zu sein oder vorzeitig zu sterben, verfügen zugleich über die geringsten Möglichkeiten der Kontrolle
ihrer Lebensumstände und der Selbsthilfe im wirtschaftlichen, sozialen und kulturellen Sinne. Sie haben

– die geringsten Einkommen,
– den geringsten Bildungsstand,
– die geringsten Gestaltungsmöglichkeiten,
– die schwächste soziale Unterstützung durch kleine soziale Netze
  (social support) und
– den geringsten politischen Einfluß, sei es individuell oder als
  Gruppe.

Nur eine Bevölkerungsminderheit ist also überhaupt in der Lage, im
geforderten Ausmaß eigenverantwortlich zu handeln und damit die

erwünschten Wirkungen zu erzielen. Darüber hinaus besteht die Gefahr einer doppelten Diskriminierung: Erstens können den Betroffenen diese unbefriedigenden Ergebnisse als individuelle Verhaltensschwächen angelastet werden und zweitens wird von den Gründen der ungleichen Verhaltensbedingungen, Risiken und Bewältigungschancen abgelenkt.

In Deutschland liegen im Vergleich (z. B. mit England und Wales sowie den skandinavischen Ländern) bisher nur wenige Untersuchungen über soziale und persönliche Bedingungen von Gesundheit vor. Dennoch bieten sie zahlreiche empirische Belege für eindeutige Abhängigkeiten zwischen gesundheitlichem Status und sozialer Lage.

In einer Sekundäranalyse praktisch aller über westdeutsche Verhältnisse durchgeführten Studien (Mielck/Helmert 1994), sammeln, systematisieren und bewerten die Autoren die Ergebnisse nach den Themenkomplexen Mortalität/Morbidität, Inanspruchnahme medizinischer Leistungen und individuelle Gesundheitsrisiken. Ihr Hauptaugenmerk richten sie auf den belegbaren Einfluß der sozialen Merkmale schulische oder berufliche Bildung, Stellung im Beruf, Einkommen sowie von Kombinationen dieser Faktoren. Die 65 Studien enthalten 72 unterscheidbare Ergebnisse für die Bereiche Mortalität und Morbidität. Davon belegen 85 % eine höhere Mortalität und Morbidität für eine Fülle von gesundheitlichen Störungen bei Personen mit niedrigerem sozialen Status.

Zwei weitere Einzelstudien belegen ebenfalls den Zusammenhang zwischen Gesundheitszustand und sozialen Bedingungen:
– Eine Untersuchung der Bundesversicherungsanstalt für Angestellte (BfA) (Klosterhuis, Müller-Fahrnow 1994) zu Zusammenhängen von Einkommen und Mortalität bei männlichen Angestellten, erstellt mit eigenen Routinedaten, förderte erhebliche einkommensabhängige Unterschiede beim Sterblichkeitsrisiko zutage. Das Sterblichkeitsrisiko ist über alle Altersgruppen hinweg in der untersten Einkommensgruppe am höchsten und nimmt mit zunehmendem Einkommen relativ gleichförmig ab. In Zahlen ausgedrückt ist das Sterblichkeitsrisiko in der unteren

Einkommensgruppe (27000 bis 34000 DM/Jahr) zwischen 5,7mal (für 35- bis 39jährige) und 1,7mal (für 50- bis 59jährige) höher als in der oberen Einkommensgruppe (mehr als 64000 DM/Jahr), (Mielck, Helmert; o.J., 12).

– Helmert und Shea (1997) haben mit Daten der Deutschen Herz-Kreislauf-Präventionsstudie (DHP) untersucht, ob einkommenschwache Personen einen besonders schlechten Gesundheitszustand aufweisen. Nimmt man den allgemeinen Gesundheitszustand und die Behinderung bei täglichen Aktivitäten durch schlechten Gesundheitszustand als Maßstab, ist die Morbidität in den unteren Einkommensgruppen 1,6mal bis 2,8mal höher als in den oberen. Dieses Ergebnis wird auch krankheitsspezifisch bestätigt (zitiert nach Mielck/Helmert o.J., 14).

International gesehen gibt es eine erdrückende Fülle sozialepidemiologischer und gesundheitswissenschaftlicher Erkenntnisse über die Existenz und das Ausmaß des »sozialen Dilemmas«. Sie enthalten eine Vielzahl von Hinweisen auf die geringe positive, aber gewaltige negative Wirkung einer Gesundheitspolitik, die sich auf Appelle zu mehr Eigenverantwortung konzentriert.

Als Quintessenz einer aktuellen Untersuchung über soziale Ungleichheit bei gesundheitlichen Risiken in 14 industriell entwickelten Ländern[1] heben ihre britischen Verfasser (Benzeval u.a. 1995) dreierlei hervor:

– Erstens zeigen alle von ihnen ausgewerteten Studien aus industrialisierten Ländern, daß ein schlechter Gesundheitszustand eng mit nachteiligen sozialen Umständen zusammenhängt.

– Zweitens weisen sie darauf hin, daß diese Resultate unabhängig davon sind, wie der soziale Status in den verschiedenen Studien gemessen wird.

– Drittens weisen sie empirisch nach, daß auch das Verhalten sozial bestimmt ist, also auch im Hinblick auf diesen Aspekt die Le-

---

1 Es handelt sich um Australien, Belgien, Finnland, Frankreich, Irland, Italien, Niederlande, Norwegen, Spanien, Schweden, Schweiz, USA und Westdeutschland und Mortalitäts- wie Morbiditätsstudien mit den unterschiedlichsten Studiendesigns und Indikatoren für die soziale und individuelle Lage (vgl. die Ergebnisübersicht in Benzeval 1995, 2–3).

bensumstände der Personen die wichtigsten Determinanten von Gesundheit sind.

In einer amerikanischen Studie (zitiert nach: Kühn 1993) am Survey Research Center der Universität Michigan wurde hochdifferenziert der sozialökonomische und gesundheitliche Status von 3617 Personen im Alter über 25 Jahre erhoben. Die beteiligten Personen wurden nach vier sozialökonomischen Schichten und zwei Klassen unterschieden.[1] Ein Index für chronische Krankheitsbedingungen, für den funktionalen Status (z. B. Bettlägrigkeit und Fähigkeit, schwere Arbeit außer Haus verrichten zu können) und für Begrenzungen bzw. Einschränkungen bei den täglichen Aktivitäten stellten die Hauptindikatoren für die gesundheitliche Lage der untersuchten Personen dar.

Die altersspezifischen Beeinträchtigungen durch chronische Erkrankungen verdeutlichen exemplarisch lebenslange, sozial bestimmte gesundheitliche Benachteiligung. Die Bedingungen sind für Angehörige der unteren sozialen Schicht in keinem Altersabschnitt gleich oder gar besser als für Angehörige höherer sozialer Schichten. Auf der Basis geringer, aber bereits deutlicher Startnachteile nimmt die Existenz von Multimorbidität der Angehörigen der sozioökonomischen Unterschicht mit höherem Alter noch kräftig zu. Bis zum Alter von 75 öffnet sich die Schere beim Risiko chronischer Erkrankung zwischen den Schichten immer weiter. Danach nähert sich der Grad der Betroffenheit zwar an, Unterschiede existieren aber in einem nennenswerten Umfang bis zum Tode fort.

Bei etwas genauerer Betrachtung zeigt sich, daß die beiden unteren sozialen Schichten bereits im mittleren Lebensalter unter erheblichen Beeinträchtigungen durch Multimorbidität und funktionale Einschränkungen zu leiden haben (mehr als eine chronische Bedingung). Während erst die über 65jährigen Oberschichtangehörigen mehr als eine chronische Einschränkung aufweisen, über-

---

1 Diese Einteilung spiegelt nur bedingt die real existierenden Unterschiede, daß beim Einkommen nur zwei Klassen – Verdienst unter oder über 20 000 $ – unterschieden wurden. Auch die übrigen Differenzierungskriterien sind relativ grob. So gehörte dieser Einteilung zufolge z. B. jeder akademisch ausgebildete Mensch schon zur »Oberklasse«.

schreiten Unterschichtszugehörige diese Grenze zur Multimorbidität bereits im Alter von 35 bis 44 Jahren. Auch der Zusammenhang von Alter und gesundheitlicher Beeinträchtigung erweist sich als sozialer und damit politisch beeinflußbarer Zusammenhang.

Entgegen der Erwartung, biologische Faktoren wirkten sich nivellierend aus, wird das Gesundheitsrisiko auch im Alter durch soziale Faktoren beeinflußt. Das belegt auch eine sog. Longitudinal Study, die seit 1971 in England und Wales durchgeführt wird. Diese Studie gehört zu den gründlichsten ihrer Art, indem sie für 1 % der dortigen Bevölkerung im Zeitverlauf eine Fülle unterschiedlichster Informationen erhebt. Die Ergebnisse unterstreichen zum einen erneut den allgemeinen Zusammenhang von Sterberisiko und sozialer Schicht. Zum anderen weist die Studie detailliert nach, daß dieser Unterschied praktisch in allen Altersgruppen existiert, d. h. sich keineswegs im Alter gravierend verringert. Selbst bei den über 75jährigen liegt die standardisierte Sterblichkeitsrate bei den Angehörigen der untersten sozialen Gruppe über 50 % höher als bei den Angehörigen der obersten sozialen Schicht (Benzeval u. a. 1995, 13/14).

So wichtig die Erkenntnis ist, daß die gesundheitlichen Risiken in der Bevölkerung ungleich verteilt sind, und zwar abhängig von den sozialen Bedingungen, muß dies noch nicht bedeuten, daß mehr eigenverantwortliches Verhalten sinnlos bzw. unwirksam ist. Die Wirksamkeit eines bewußten gesundheitsbezogenen Verhaltens hängt entscheidend davon ab, ob die Mehrheit der Bevölkerung überhaupt in der Lage ist, autonom Entscheidungen für oder gegen ein bestimmtes Verhalten zu treffen. Dabei lautet unsere These: Auch die Möglichkeiten, sich eigenverantwortlich zu verhalten und damit die Chancen, gesundheitliche Störungen zu bewältigen, sind entlang der sozialen Bedingungen ungleich verteilt. Selbst wenn Individuen Zugang zu identischen Leistungen haben und sich für das gleiche gesundheitsschädliche oder -förderliche Verhalten entscheiden, fallen die Resultate je nach sozialer Herkunft unterschiedlich aus. Salopp formuliert: Der reiche Raucher lebt länger als der arme Paffer!

Je besser also die Lebensbedingungen sind, desto größer ist der Effekt gesunden Verhaltens. Mehr noch: Die Gesundheitseffekte unterschiedlichen Verhaltens sind geringer als die unterschiedlicher

Lebensumstände. Dieser Umstand läßt sich an verschiedenen Untersuchungen belegen:

– Eine US-amerikanische Untersuchung zeigt, daß es bei gleichem und ungehinderten Zugang von Patientinnen im gleichen Brustkrebsstadium zu einer qualitativ identischen Therapie deutlich unterschiedliche Überlebenschancen gab: Die Fünf-Jahres-Überlebensrate betrug für Frauen aus höheren sozialen Schichten 50 %, während nur 10 % der Frauen aus unteren sozialen Schichten diesen Zeitraum überlebten. Diese Risikounterschiede sind »fast mit Sicherheit nicht die Folge unterschiedlicher Zugangsmöglichkeiten zu medizinischer Versorgung« (Sagan 1992, 270).

– Die Behauptung, Lebenstilveränderungen im bereits genannten Bereich wirkten lebensverlängernd, wurde für die Prävention koronarer Herzkrankheiten (KHK) in den USA am gründlichsten in einer umfangreichen Studie, der sog. »Multiple Risk Factor Intervention Trial« (MR FIT) überprüft. Sie konnte diese Behauptungen nicht bestätigen. Nach acht Jahren war in der Interventionsgruppe, d. h. der Gruppe, die ihren Lebensstil beträchtlich veränderte, die KHK-Sterblichkeit leicht geringer als in der Kontrollgruppe, die sich wie zuvor verhielt. Die Gesamtsterblichkeit war aber in der Interventionsgruppe sogar leicht höher als in der Kontrollgruppe. Vor allem Krebskrankheiten, die verstärkt in der Interventionsgruppe auftraten, haben den leichten Rückgang der KHK-Sterblichkeit mehr als ausgeglichen (MRFIT 1982).

– Die relative Relevanz der subjektiven Risikofaktoren bzw. Verhaltensweisen zeigt sich u. a. in einer Studie bei britischen öffentlich Bediensteten, die die Abhängigkeit koronarer Herzerkrankungen vom beruflichen Status untersuchte (Marmot u. a. 1978). Nachdem die Beschäftigten in fünf sozial unterschiedliche Gruppen eingeteilt wurden, war die Rate der KHK der hierarchisch niedrigsten Gruppe viermal so hoch wie in der obersten sozialen Gruppe. Um die möglichen Wirkungen von Verhaltensfaktoren vollends bestätigen oder evtl. anteilmäßig quantifizieren zu können, haben die Forscher die dem Lebensstil zuschreibbaren Risikofaktoren Blutdruck, Cholesterin, Rauchen, soziale Unterstützung, Bewegung, Übergewicht und Blutzuckerspiegel statistisch korrekt für die weitere Analyse neutralisiert. Hätten diese in hohem Maße individueller Veränderung zugänglichen Faktoren die entscheidende Rolle beim KHK-Risiko gespielt, hätten sich die Erkrankungsraten der verschiedenen sozialen Gruppen unter den öffentlich Bediensteten weitestgehend annähern müssen. Statt dessen stellte sich aber heraus, daß die Unterschicht der öffentlich Bediensteten noch immer dreimal so häufig an einer koronaren Herzkrankheit litt wie die Oberschicht.

- In der sog. Alameda-Studie wurden für die verschiedenen gesundheitlichen Risiken die Wirkung wichtiger Verhaltensfaktoren wie Rauchen, Schlafgewohnheiten, Alkoholtrinken und Gesundheitserziehung rechnerisch »ausgeschaltet«. Danach war die standardisierte Mortalitätsrate in der ärmsten Gruppe immer noch 1,5mal so hoch wie die in der reichsten Gruppe (Haan et al. 1987). Zuvor betrug dieser Wert das 2,1fache (Kühn 1993, 99).

- Wie wichtig und letztlich bestimmend die sozialen Lebensverhältnisse der Individuen gerade auch für ihr Verhalten, dessen Freiheitsgrade und Wirkungen sind, zeigt die Tatsache, daß selbst gleiches Verhalten je nach sozialer Lage zu verschiedenen Ergebnissen führt. Die entsprechenden Ergebnisse der britischen Studie »Health and Lifestyle Survey« (1990) bestätigen dies: »Daher führt beispielsweise das Rauchen zu größeren Fitneß-Unterschieden in der ›non-manual-class‹ als in der ›manual class‹. Für Männer, die leichte Arbeit verrichten, ›lohnt‹ sich das Nichtrauchen gesundheitlich mehr als für Schwerarbeiter. ›Gute Ernährung‹ reduzierte die Erkrankungsraten zwar bei den Frauen der ›non-manual-class‹, aber nicht bei denen der ›manual class‹. [...] Nicht nur das Gesundheitsverhalten, sondern auch dessen Wirkungen hängen von den sozialökonomischen Lebensbedingungen ab.« (Kühn 1993, 98/99).

Aus allen gesicherten Erkenntnissen über die Rolle von Verhalten bei der Vermeidung und Bewältigung gesundheitlicher Risiken folgt eindeutig: Der Appell an »mehr Eigenverantwortung« suggeriert einen Grad an Freiheit, über den große Teile der Bevölkerung nicht verfügen, und weckt falsche Erwartungen, was die Wirkung eines gesundheitsbewußten Verhaltens angeht. Die Ausgangssituationen, vor allem die gesundheitlichen Risiken der zur »Eigenverantwortung« aufgerufenen Personen, unterscheiden sich gewaltig. Die Forderung nach mehr Eigenverantwortung ist lediglich dazu geeignet, von der beherrschenden Rolle der sozialen und damit politisch beeinflußbaren Bedingungen abzulenken. Letztere sorgen maßgeblich dafür, daß gleiche individuelle Handlungen zu ungleicher Gesundheitslage und Handlungsfähigkeit führen.

Vorbild mit Schönheitsfehlern: die privaten Kassen

Der Gedanke, die Krankenversicherungen zu privatisieren, ist nicht neu. Ein kleiner Teil der Bevölkerung – Besserverdienende, Beamte und Selbständige – nutzt bereits seit vielen Jahren das Angebot privater Kassen. In ihrem System sehen viele Reformer des Gesundheitswesens ein Vorbild für die GKV. Die derzeitige Politik im Gesundheitswesen läuft darauf hinaus, Mechanismen und Regelungen der PKV für die GKV zu übernehmen. Die PKV, so die Annahme, arbeite wirtschaftlicher und mithin kostengünstiger. Dadurch, daß die Privatversicherten einen Teil der Kosten selbst trügen und nicht so umfassend abgesichert seien wie die Versicherten der GKV, entstünden weniger Ausgaben. Im wesentlichen werden den PKV drei große Vorteile zugeschrieben:
– geringere Inanspruchnahme von Leistungen und Kostenstabilität,
– größere Wahlfreiheit für die Versicherten und
– weniger Verwaltungsaufwand.
Tatsächlich lassen sich diese Annahmen empirisch nicht belegen. Die Versicherten der PKV nehmen die medizinische Versorgung in gleichem Umfang in Anspruch wie die Versicherten der GKV; die Wahlfreiheit endet spätestens beim Wechsel in eine andere Kasse, und auch der Verwaltungsaufwand liegt keineswegs unter dem der GKV.

Patt bei der Inanspruchnahme

Eine der wenigen Quellen, die einen Vergleich zwischen der Inanspruchnahme von GKV- und PKV-Versicherten zuläßt, ist der sog. Sozioökonomische Panel (SOEP). Exemplarisch erfolgt eine genauere Betrachtung der Inanspruchnahme ambulanter und stationärer Leistungen in den Jahren 1983, 1988 und 1994, in der alle deutschen PKV-Mitglieder sowie die Pflicht- und freiwilligen Mitglieder der GKV in Westdeutschland und den alten Bundesländern berücksichtigt sind. In der *Tabelle 7.1* sind die Anzahl der Arztbesuche (ohne Differenzierung nach Allgemein- und Fachärzten) und der Krankenhausaufenthalte sowie die jeweilige Versicherungsart zusammengestellt. Bei der Zahl der Arztkontakte gibt es bei allen Versicherten – egal ob in der GKV oder der PKV – von 1983 bis 1988 eine deutliche Zunahme. Seitdem hat sich praktisch nichts mehr verändert. Die Zahl der Krankenhausaufenthalte steigt zwar in den ersten fünf Jahren des Beobachtungszeitraums, ist aber danach bis 1994 wieder auf seinen Ausgangswert zurückgefallen. Medizinische Leistungen wurden also nicht über die Sättigungsgrenze hinaus in Anspruch genommen, weder in der PKV noch in der GKV. Unterschiede zwischen gesetzlich und privat Versicherten lassen sich selbst bei den Leistungsdetails nicht finden, eher das Gegenteil der Behauptungen. Die Vollmitglieder der PKV nehmen rein quantitativ betrachtet eher häufiger Ärzte und Krankenhäuser in Anspruch als die GKV-Mitglieder. Dies gilt insbesondere für den Vergleich mit den freiwilligen GKV-Mitgliedern, die in ihrer sozialen Stellung mit den PKV-Mitglieder vergleichbar sind.

Die PKV steht auch bezüglich der Ausgabendynamik nicht besser da als die GKV, teilweise sogar schlechter. Dies zeigt ein Blick auf die Zuwachsraten der Aufwendungen für sog. Vollversicherte[1] in der PKV seit Mitte der 80er Jahre, die denjenigen in der GKV sehr ähneln oder sogar über ihnen liegen.

---

1 Unter den sieben Millionen »Vollversicherten« befinden sich viele Personen (insb. Beamte mit Beihilfe), die nur einen Teil ihrer Krankheitskosten über die PKV absichern. Dies verbietet einen uneingeschränkten Vergleich mit den Mitgliedern oder Versicherten der GKV und deren Krankheitsaufwendungen.

Tabelle 7.1

Anzahl der Arztbesuche und Krankenhausaufenthalte durch westdeutsche Befragte in den Jahren 1983, 1988 und 1994

Jahr	Anzahl der Arztbesuche				Anzahl der Krankenhausaufenthalte			
	alle Be-fragten	GKV-Pflicht-versi-cherte	GKV freiwil-lig Ver-si-cherte	PKV Voll-versi-cherte	alle Be-fragten	GKV-Pflicht-versi-cherte	GKV freiwil-lig Ver-si-cherte	PKV Voll-versi-cherte
1983	3,59	3,34	2,81	2,83	1,37	1,3	1,36	1,66
1988	4,57	4,35	3,93	4,25	1,65	1,78	1,26	2,22
1994	4,58	4,34	3,68	4,51	1,48	1,54	1,34	1,79

Anmerkung zu den im Jahre 1983 befragten PKV-Versicherten: Damals wurde noch nicht nach Voll- und Zusatzversicherten unterschieden

Quelle: eigene Berechnungen mit den beim Deutschen Institut für Wirtschaftsforschung erhältlichen Daten des SOEP

Auch aktuelle Finanzzahlen aus der PKV (*FAZ* vom 12. 6. 1997) signalisieren keine Trendwende. Zwischen 1995 und 1996 sind z. B. trotz der angeblich so erfolgreich und zur Nachahmung empfohlenen Eigenverantwortung der Versicherten in der PKV die ambulanten Arztkosten dort besonders stark, d. h. um 8,9 %, gestiegen. Die Ausgaben für Arzneimittel und Verbandsmittel, wo Zuzahlungen in der PKV zumeist besonders hoch sind, stiegen 1996 immerhin um 8,6 % an. Die leichte Senkung der Krankenhausausgaben um 0,8 % beruht nahezu ausschließlich auf einer in diesem Umfang einmaligen Senkung der Chefarzthonorare. Die Probleme der PKV mit wachsenden Ausgaben für die medizinisch-ärztliche Versorgung hielten auch 1997 auf dem erreichten hohen Niveau an. Im ersten Halbjahr 1997 stiegen die Gesamtausgaben der privaten Krankenversicherungen um 9,6 %, was nach Mitteilung ihres Verbandes vor allem auf den unvermindert hohen Ausgaben für ambulante Behandlung beruht (*SZ* 31.10./1. 11. 1997).

In der ambulanten Versorgung haben die privaten Krankenversi-

cherer in den letzten Jahren deutlich über dem Niveau der GKV liegende Steigerungsraten zu verzeichnen. So erhöhten sich die Arzthonorare für ambulante Behandlung in der GKV zwischen 1984 und
1992 um 53,6 %, in der PKV um 109,3 %. Alle neueren Daten weisen
darauf hin, daß sich an dieser scherenförmigen Entwicklung nichts
geändert hat. Die Erklärung des PKV-Verbandes, Ärzte kompensierten Honorareinbußen bei GKV-Patienten zu Lasten der PKV,
ist zwar plausibel, ändert aber nichts an dem Sachverhalt. Dieser
Hinweis zeigt auch, daß nur mit einer Steuerung des Anbieterverhaltens die Ausgaben im Gesundheitswesen in den Griff bekommen werden können und nicht durch eine wie auch immer geartete
Orientierung auf die Eigenverantwortung der Patienten.

Von einer Überlegenheit der PKV im Bereich der Ausgabensteuerung ist also nichts zu bemerken. Sie erzielt trotz einer Fülle
immer wieder als wirksam beschworener Regulative wie dem komplizierten System von »Teilkaskotarifen« keinen wirksameren Erfolg bei der Ausgabendämpfung als die GKV; teilweise steht sie sogar schlechter da. Der gelegentlich gemachte Einwand, die PKV
habe geringere Pro-Kopf-Ausgaben der Versicherten – 1995: 3656
DM in der GKV und 2185 in der PKV –, geht an der Sache vorbei,
da zwei völlig verschiedene Tarifsysteme miteinander verglichen
werden. Diese Differenz erklärt sich vor allem daraus, daß die
PKV im Unterschied zur GKV bei den meisten Versicherten nur
einen Teil der Behandlungskosten trägt. Ihre Klientel besteht zu
einem erheblichen Teil aus Beamten, die 50 % ihrer Behandlungskosten bei Ärzten und Krankenhäusern vom Staat über die Beihilfe
erstattet bekommen und daher bei der PKV nur einen 50 %-Tarif
abgeschlossen haben. Hinzu kommen noch eine Reihe von GKV-
Leistungen, die in der PKV nicht oder nur mit Zusatztarifen
gewährt werden, wie z. B. Schwangerschaftsabbrüche, Sehhilfen,
Hörgeräte, Entziehungskuren oder andere stationäre Kurbehandlungen.

Wahlfreiheit mit Grenzen

Die Behauptung, die PKV biete ihren Versicherten mehr Wahlfreiheit als die GKV, stützt sich auf zwei Argumente:

– Die PKV sei keine Zwangsversicherung, sondern beruhe auf freiwillig abgeschlossenen Verträgen.

– Die PKV biete keinen einheitlichen Leistungskatalog, sondern die Wahl zwischen verschiedenen Tarifen.

Richtig ist daran nur, daß die GKV für knapp 88 % ihrer Mitglieder eine Pflichtversicherung ist; in Ostdeutschland liegt dieser Anteil sogar bei 95 %. Ca. 12 % sind freiwillige Mitglieder (Ostdeutschland: knapp 5 %), d. h. ihr Einkommen liegt zumeist über der Versicherungspflichtgrenze.[1] Insgesamt sind ca. 90 % der Bevölkerung in der GKV gegen finanzielle Krankheitsrisiken geschützt. Die restlichen 10 % sind in der PKV bzw. über den Staat (Beihilfe, Sozialhilfe) abgesichert. Ohne dauerhaften Krankenversicherungsschutz sind in Deutschland nur einige tausend Personen, eine prozentual kaum meßbare Größenordnung. Insofern ist die Unterscheidung in »Pflicht-« oder »freiwillige« Versicherung völlig irrelevant. Eine Krankenversicherung ist in einer zivilisierten Gesellschaft ebenso ein »Muß« wie die Rentenversicherung, egal ob sie öffentlich oder privat organisiert ist. Außerdem würde auch eine Umwandlung der GKV in eine private Volksversicherung nicht ohne Versicherungszwang auskommen, wenn der Anspruch besteht, daß jedem eine medizinische Behandlung zukommen soll, der sie benötigt. Das konzedieren auch die Verfechter einer Privatisierung der GKV. Alles andere würde nämlich wie in den USA, wo 15 % der Bevölkerung ohne jeden Krankenversicherungsschutz sind, zu unsinnigen Selektions- und Verteilungseffekten führen.[2]

---

1 Zu den freiwillig Versicherten gehören rein statistisch auch einige Gruppen von Selbständigen sowie Sozialhilfeempfänger, die nicht zu den Versicherungspflichtigen gehören, aber oft von den Sozialämtern bei einer Krankenkasse versichert werden.
2 In den USA ist es in vielen Hospitälern insbesondere im Süden, wo viele keinen Krankenversicherungsschutz haben, an der Tagesordnung, daß sie die Behandlungskosten von einem Teil ihrer Patienten wegen fehlender Zahlungsfähigkeit gar nicht oder nur teilweise eintreiben können. Also werden die Pflegesätze von vornherein so kalkuliert, daß dieser Verlust von zahlungsfähigen Patienten mit abgedeckt wird.

Das »Freiheitliche« der PKV liegt vor allem darin, daß ihre Mitglieder in der jeweiligen Versicherung unter hochdifferenzierten Leistungspaketen auswählen zu können. Eine wirklich freie Wahl des Versicherungsunternehmens gibt es jedoch nur zeitlich begrenzt. Je länger man Mitglied ein und derselben Versicherung ist, desto mehr negative materielle Folgen bringt es mit sich, in ein anderes Versicherungsunternehmen überzuwechseln. In der Regel kann man seine private Krankenversicherung nur einmal auswählen, nämlich als junger Mensch. Jeder danach folgende Wechsel, insbesondere ab dem 40. Lebensjahr, wird teuer. Dies hängt mit der spezifischen Vorfinanzierungsform der auch bei Privatversicherten im Alter zunehmenden Gesundheitsausgaben zusammen, dem sog. Anwartschaftsdeckungsverfahren. Im Laufe ihrer Versicherungszeit legt ihr Versicherungsunternehmen für jeden jüngeren Versicherten bzw. eine Versicherten-Alterskohorte einen Teil der Beiträge zurück, um damit zu verhindern, daß die Beiträge älterer Versicherter, wie in der jüngsten Vergangenheit geschehen, immer höher werden und mitunter ein Mehrfaches der Beiträge für gesetzlich versicherte Ältere betragen. Diese »Altersrücklage« verliert aber eine Person komplett, die ihre Versicherung wechselt. Dies bedeutet, daß sie in dem neuen Versicherungsunternehmen hinsichtlich der Sicherung gegen eine Beitragsexplosion im Alter am Nullpunkt beginnt. Es kann sogar passieren, daß man wegen der faktisch zu kurzen Versicherungs- und »Deckungszeit« überhaupt nicht mehr von einer anderen Versicherung aufgenommen wird. Sicher ist, daß die Wahlfreiheit zwischen verschiedenen Versicherungsunternehmen einen hohen und evtl. nicht bezahlbaren Preis hat: Je älter eine Person ist, welche die Wahlfreiheit zwischen Privatversicherungen nutzt, desto höher ist ihr Beitrag.

In den GKV kann jedes Mitglied zum Jahresende in eine andere Kasse wechseln, die günstigere Beiträge für die gleichen Leistungen bietet oder sich mehr um ihre Versicherten kümmert.[1] Ein versicher-

---

1 Diese Möglichkeit gibt es für alle Versicherungsberechtigten erst seit dem Gesundheitsstrukturgesetz, das die freie Kassenwahl seit 1996 ermöglicht. Es gibt allerdings

tenorientierter Wettbewerb ist daher in der gegliederten GKV mit freier Kassenwahl sehr viel besser möglich als in der PKV, die ihre Versicherten durch die Altersrückstände regelrecht an sich kettet. Und noch einen Vorteil bietet die GKV. Während in der PKV eine Familiengründung z. T. erheblich höhere Beiträge zur Folge hat, bleiben die GKV-Beiträge in diesem Fall wegen der automatischen Mitversicherung von Familienangehörigen konstant. Für junge, gutverdienende Singles ist der Wechsel von der GKV zur PKV mittelfristig nicht immer lukrativ. Die kurzfristig erzielten Einsparungen bei den für Jüngere günstigen PKV-Tarifen sind spätestens dann dahin, wenn Kinder mitzuversichern sind. Die müssen nämlich auch bei Elternteilen, die nicht beide in der PKV bzw. GKV sind, immer bei der PKV mitversichert werden. Und wer sich einmal in einer PKV versichert hat, kann nie wieder in die GKV zurückkehren, es sei denn, das Einkommen sinkt unter die Versicherungspflichtgrenze.

Mehr Aufwand in der Verwaltung

Gerade im internationalen Vergleich kann sich der Aufwand für die Verwaltung der deutschen Gesundheitsversorgung durchaus sehen lassen (Schwartz/Busse 1994, 15). Während in den USA 1989/1990 nach Abzug aller Verwaltungskosten der Versicherungen und der Krankenhäuser von 100 US$ Krankenhausausgaben noch 66 US$ für die eigentliche Versorgung verbleiben, waren dies in Deutschland zum selben Zeitpunkt 88 US$. Diese Zahlen werden in ihrer Tendenz auch durch eine internationale Vergleichsstudie der Unternehmensberatungsfirma McKinsey bestätigt (Leiter 1997). Mit anderen Worten: die Bürokratie ist im privatwirtschaftlichen System der USA fast dreimal so teuer wie im sozialen Versicherungssystem Deutschlands. Interessant ist, daß der enorm große Verwaltungskostenanteil in den USA hauptsächlich in den Krankenhausverwaltun-

---

immer noch Personengruppen bzw. Kassen mit Pflichtmitgliedschaft, die nicht gewechselt werden kann: die Bergleute bzw. Bundesknappschaft, Landwirte und Seeleute, die in der Landwirtschaftlichen bzw. See-Krankenkasse Zwangsmitglieder sind.

gen entsteht, die 22 % der Gesundheitsausgaben schlucken, weniger bei den Krankenversicherungen. Aber auch bei den Krankenversicherungen verzeichnet Deutschland mit 7 % einen geringeren Verwaltungskostenanteil als die USA mit 12 %. Die höheren Verwaltungskosten im amerikanischen Gesundheitssystem hängen nicht zuletzt mit den unter privatwirtschaftlichen Bedingungen höheren Ausgaben für Haftpflichtversicherungen und juristische Hilfe zusammen, aber auch mit den höheren Akquisitionskosten der privaten Versicherungen.

In Deutschland hat die GKV bei den Verwaltungskosten deutlich günstigere Werte als die PKV. Der Anteil der Verwaltungsausgaben an ihren Gesamtausgaben bewegt sich in der GKV seit Beginn der 80er Jahre zwischen 4,6 % und 5,1 %, ohne daß es einen linear steigenden Trend gibt. Lediglich im Zusammenhang mit der deutschen Vereinigung haben sich vorübergehend überproportionale Erhöhungen der administrativen Kosten ergeben. Die PKV veröffentlicht als ihren vergleichbaren Wert einen Prozentsatz, der sich zwischen 3,8 % und knapp 5 % bewegt. Es scheint also zumindest ein Verwaltungskosten-Patt mit leichten Vorteilen für die PKV zu geben. Die Daten der Geschäftsberichte einzelner PKV-Unternehmen, in denen aus gesetzlichen Gründen alle Kostenbestandteile aufgeschlüsselt werden müssen, ändern das Bild schlagartig. In ihrem Geschäftsbericht für das Jahr 1996 gibt die Deutsche Krankenversicherung (DKV), die größte private Krankenversicherung, zwar eine unveränderte Verwaltungskostenquote von 3,9 % an, muß dem aber eine sog. Abschlußkostenquote in Höhe von 9,7 % hinzufügen. Da diese Ausgaben für Agenturen, Vertreter und Außendienstmitarbeiter aber eindeutig Bestandteil der Verwaltungsausgaben sind, beträgt der Anteil der Verwaltungsaufwendungen an allen Ausgaben bei der DKV 1996 insgesamt mindestens 14,6 % (*Handelsblatt* v. 15. 5. 1997). Da nichts dagegen spricht, daß die DKV-Aufwendungen aus dem Rahmen fallen, kann davon ausgegangen werden, daß die Bürokratie in der PKV fast dreimal so teuer ist wie der in der GKV. Auf jeden Fall gibt die GKV einen deutlich größeren Anteil ihrer Beitragseinnahmen für die medizinische Versorgung ihrer Mitglieder aus als die PKV.

Die überforderten Kostenkontrolleure

Den Versicherten wird mit der Privatisierung von Krankheitsrisiken die wesentliche Verantwortung für die Steuerung von Ausgaben im Gesundheitswesen zugeschoben. Ziel soll es sein, die Eigenverantwortung der Versicherten zu stärken. Dafür werden Steuerungsinstrumente empfohlen, die aus der Praxis der PKV bereits bekannt sind:

– Selbstbeteiligung bzw. Zuzahlung der Patienten,
– Kostenerstattung statt Sachleistungen sowie
– Beitragsrückzahlungen.

Diese Maßnahmen verbessern jedoch weder die Wirtschaftlichkeit noch die Qualität im Gesundheitswesen. Aus volkswirtschaftlicher Sicht haben sie nur negative Effekte: Alles wird per saldo teurer, ohne daß dem auch nur ansatzweise Qualitätsverbesserungen gegenüberstehen.

Wirkungslose Selbstbeteiligungen

Die Behauptung, durch Selbstbeteiligung der Patienten an den Behandlungskosten könnten Ressourcen im Gesundheitswesen rational gesteuert werden, hat eine lange Tradition. Bereits Ende der 50er Jahre wurde dieses Konzept von der Adenauer-Regierung erwogen, aber wegen zu starker Proteste auch in den eigenen Reihen wieder aufgegeben. Das wiederholte sich in den 60er Jahren unter der Erhard-Regierung. Danach hat – insbesondere ab der zweiten Hälfte der 70er Jahre – jede Bundesregierung dieses scheinbare Patentrezept zur Kostendämpfung aktualisiert. Die Vorschläge zur Form der Direktzahlung bzw. Selbstbeteiligung der Patienten als auch die Begründungen für diese Maßnahmen sind weitgehend standardisiert.

Die verschiedenen Selbstbeteiligungs- bzw. Zuzahlungsregelungen lassen sich auf drei Grundformen reduzieren:

– *Die absolute Selbstbeteiligung:* Die Versicherten bezahlen bis zu einem vorgegebenen Betrag alle Kosten, bevor die Versicherung die Ausgaben erstattet. Dieses Modell funktioniert ähnlich wie die Kfz-Kasko-Versicherung und wird in der GKV im Arzneimittelbereich praktiziert. Hier müssen die Patienten je nach Pakkungsgröße 9 DM , 11 DM oder 13 DM selbst tragen.

- *Der Festzuschuß der Krankenversicherung:* Die Kasse übernimmt einen festen, vorher festgelegten Betrag für bestimmte Leistungen; der Rest der Zahlung wird zwischen den Leistungserbringern und Versicherten abgewickelt. Dies galt bisher etwa für Brillengestelle und ist mit der »3. Stufe der Gesundheitsreform« bei Zahnersatzleistungen eingeführt worden (siehe Kapitel 6).
- *Die prozentuale Selbstbeteiligung:* Der Patient bzw. Versicherte hat einen bestimmten Anteil der Behandlungskosten zu zahlen, z. B. 15 % bei Physiotherapie.

Der Selbstbeteiligung werden in der gesundheitsökonomischen Literatur folgende positive Eigenschaften zugeschrieben:

- *Senkung der Überinanspruchnahme:* Die Selbstbeteiligung gebe einen starken Anreiz, nur noch die wirklich erforderlichen Leistungen in Anspruch zu nehmen.
- *Dämpfung des Preisanstiegs für medizinische Leistungen:* Durch kostenbewußtes Verhalten der Patienten würden die Leistungserbringer gezwungen, ihre Dienste zu möglichst günstigen Preisen anzubieten.
- *Förderung eines gesundheitsgerechten Verhaltens:* Bereits 1966 behauptete die von der Erhard-Regierung eingesetzte Sozialenquete-Kommission: »Wäre das Kranksein mit wirtschaftlichem Schaden verbunden, so würde ein Appell an den verzagten Menschen ausgelöst, der gesunde Gegenkräfte auslöst« (1966, 220).
- *Mitarbeit am Behandlungserfolg:* Die Beteiligung der Patienten an den Behandlungskosten enthalte einen Anreiz zur Mitarbeit am Behandlungserfolg. Die gesamte Einstellung zur ärztlichen Behandlung verbessere sich, wenn ein finanzieller Anreiz für die schnelle Beendigung des Behandlungsanlasses vorhanden sei.
- *Senkung der Verwaltungskosten:* Indem bei Bagatellfällen entweder der Arzt gar nicht erst aufgesucht oder die Behandlung aus eigener Tasche bezahlt werde, verringerte sich der Verwaltungsaufwand der Krankenkassen.

Empirisch belegen lassen sich diese Effekte nicht. Insbesondere die Behauptung, es gäbe bessere Behandlungserfolge und gesundheitsgerechtes Verhalten werde gefördert, zeugen von wenig Sachkenntnis. Es ist unwahrscheinlich, daß sich auch nur eine Bagatellerkrankung wie eine Grippe dadurch schneller heilen läßt, daß der Patient bei den Behandlungskosten zuzahlt. Zu einer solchen Auffassung kann nur kommen, wer die Entstehung und Bewältigung von Krankheiten ganz ins Belieben des Patienten stellt und überdies davon ausgeht, daß Patienten kein Interesse an einer möglichst schnellen Heilung ihres Leidens haben.

Auch die Vorstellung, die Patienten könnten durch Selbstbeteiligung dazu angehalten werden, sich den möglichst kostengünstigsten Arzt auszusuchen, ist reichlich bizarr. Hier wird den Patienten ein Verhalten unterstellt, das vielleicht beim Kauf von Konsumgütern üblich ist, aber kaum bei der Inanspruchnahme medizinischer Leistungen. Herzattacken, Autounfälle und Zahnschmerzen kündigen sich nicht so rechtzeitig an, daß Patienten sich vorab über die Ärzte und Krankenhäuser informieren könnten, die gut und preiswert behandeln.

Ein wirkliches Märchen ist auch die durch Zuzahlungen angeblich zu bewirkende Senkung der Verwaltungskosten in der GKV. Das Gegenteil ist vielmehr die Regel. Der bürokratische Aufwand der Krankenkassen wächst, da sie nicht nur mit den Ärzten und Krankenhäusern, sondern auch mit den Patienten abrechnen müssen. Dieser erhöhte Aufwand findet auch dann statt, wenn die Zuzahlungen – wie etwa im Arzneimittelbereich oder im Krankenhaus – direkt an die Leistungserbringer gehen. Mitunter sind sogar die Verwaltungskosten höher als die mit der Selbstbeteiligung verbundenen Einsparungen der Krankenkassen. Ein aktuelles Beispiel dafür ist das sog. »Notopfer« von 20 DM, das die Versicherten für die Instandhaltung von Krankenhäusern als Folge des 2. GVK-Neuordnungsgesetzes zahlen müssen. Die Krankenkassen haben schon überlegt, diesen Betrag aus der eigenen Tasche zu zahlen, weil die Verwaltungskosten den einzutreibenden Betrag deutlich übersteigen.

Selbstverständlich können Selbstbeteiligungen der Patienten die

Krankenkassen kurzfristig entlasten. Diese Wirkung ist nach jedem Kostendämpfungs- oder Gesundheitsreformgesetz zu beobachten, das mit diesem Instrument operierte. Für die gesamten Gesundheitsausgaben haben Zuzahlungsregelungen jedoch den gegenteiligen Effekt: sie steigen. So monierte etwa der Hauptgeschäftsführer der CDU-Sozialausschüsse im *Handelsblatt* vom 23. 3. 1992 den Effekt der mit der Gesundheitsreform von 1989 beschlossenen drastischen Erhöhung der Zuzahlungen bei Zahnersatzleistungen: »Dort ist die Selbstbeteiligung am höchsten, aber auch die Leistungsausweitung am stärksten. Warum? Weil die Zahnärzte in diesem Bereich die Kontrolle der Kassen nicht mehr fürchten müssen, da die Versicherten zahlungspflichtig sind. Deshalb langen sie gnadenlos zu.« Das Gesundheitswesen ist eben ein Anbietermarkt, wo die Selbstbeteiligung per saldo Ausgabensteigerungen zur Folge hat. Die Anbieter sehen in der kurzfristigen Entlastung der GKV-Haushalte ein Signal für größere finanzielle Spielräume, die es über Mengenausweitungen bzw. Preiserhöhungen auszuschöpfen gilt. Das erklärt auch, weshalb die Pharmaindustrie oder die konservative Ärztevereinigung »Hartmannbund« sich schon immer für die Selbstbeteiligung ausgesprochen haben.

Ein Widerspruch in sich ist das Schlagwort von der »sozial verträglichen Selbstbeteiligung«. Seit Jahren wird von verschiedenen Wissenschaftlern für die Begründung der These, Selbstbeteiligung habe eine positive, auch in sozialer Hinsicht nicht abträgliche Steuerungswirkung, eine Untersuchung aus den USA herangezogen, das »RAND Health Insurance Experiment«[1]. An dieser zwischen 1974 und 1982 durchgeführten Studie waren 5814 Personen in 2005 Familien beteiligt. Diese Personen konnten in einem Auswahlverfahren zwischen verschiedenen Selbstbeteiligungstarifen für eine Reihe gesundheitlicher Versorgungsleistungen wählen. Diese reichten von einem Tarif ohne jede Zuzahlung bis zu einem Tarif mit nahezu völliger Selbstbeteiligung. Auf den ersten Blick scheinen die Ergebnisse dieses Experiments eine positive Wirksamkeit der Selbstbeteiligung zu belegen. Die gesamten Gesundheitsausgaben, und nicht

---

1 Vgl. hierzu Newhouse 1983 und 1987 sowie zusammenfassend Rau 1992.

nur die der Krankenversicherung, waren bei einer Selbstbeteiligung von z. B. 25 % um 19 % niedriger als bei 100 %igem Versicherungsschutz. Dabei handelt es sich jedoch um Durchschnittszahlen, die nichts über die sozialen Bezüge aussagen. Berücksichtigt man die Einkommensstruktur der Teilnehmer dieses Experiments, dann zeigt sich deutlich, daß die Kosteneinsparungen in erster Linie bei den sozial Schwachen erzielt wurden, hier also ein eindeutiger Selektionseffekt vorliegt. Es zeigt sich, daß die Selbstbeteiligung dem Versuch gleichkommt, den Teufel – d. h. Überinanspruchnahme und Mengenausweitungen – mit dem Beelzebub auszutreiben, d. h. Unterinanspruchnahme mit entsprechenden gesundheitlichen Risiken.

Daran ändern auch die im Leistungsrecht der GKV vorgesehenen Härtefallregelungen nichts, die Einkommensschwache ganz und chronisch Kranke teilweise von Zuzahlungen befreien. Da die dadurch für Krankenkassen entstehenden Kosten nicht über den Risikostrukturausgleich (RSA) kompensiert werden, führt dies zu hohen Belastungen für Kassen mit einer sozial schwachen und / oder gesundheitlich problematischen Versichertenstruktur. Die AOK, die im Westen 65 % und im Osten sogar 79 % der Härtefälle zu tragen haben, könnten ihre Beitragssätze deutlich niedriger gestalten, wenn die Härtefallregelung ein Ausgleichstatbestand im RSA wäre.

Alles in allem ist also die Selbstbeteiligung ein denkbar ungeeignetes Instrument, um die wirtschaftlichen Probleme des Gesundheitswesens in den Griff zu bekommen. Diese Erkenntnis hat bereits vor fast 20 Jahren der damalige Leiter des Wissenschaftlichen Instituts der Ortskrankenkassen Ulrich Geißler (1980, 55) treffend zusammengefaßt:

»1. Geringe Kostenbeteiligungen weisen – außer dem statistischen Entlastungseffekt der GKV – keine weiteren nennenswerten Effekte auf.

2. Hohe Kostenbeteiligungen haben einen – zumindest kurzfristigen – Kostendämpfungseffekt, dafür aber problematische gesundheitliche und verteilungspolitische Wirkungen.

3. Die Kostenbeteiligung setzt am Patienten an, obgleich die Kostenexpansion gegenwärtig primär von Kostenfaktoren getra-

gen wird, die dem Sachverstand und Einfluß des Patienten nur begrenzt zugänglich sind.«

Das weiß auch Gesundheitsminister Seehofer, der im Mai 1995 auf dem Deutschen Ärztetag in Stuttgart noch verkündete: »Ich halte die Selbstbeteiligung der Versicherten für ausgereizt. Selbstbeteiligung hat keine Steuerungswirkungen, sondern ist eine reine Einnahmebeschaffung. Wenn jemand Einnahmen beschaffen will, ist es zutiefst unsozial, daß er die Kranken und chronisch Kranken belastet.«

Undurchsichtige Kostenerstattung

Das Instrument der Kostenerstattung bedeutet, daß der Arzt mit dem Patienten persönlich abrechnet, letzterer sich von der Krankenkasse den entsprechenden Betrag erstatten läßt. Dies ist ein in der PKV und dem Beihilfesystem für Beamte übliches Verfahren. Die GKV hingegen basiert im wesentlichen auf dem Sachleistungsprinzip, d. h. die Versicherten erhalten medizinische Behandlung ohne eigene Abrechnung; letztere ist alleinige Angelegenheit zwischen Arzt bzw. Krankenhaus und der Kasse bzw. der Kassenärztlichen Vereinigung.

Mittlerweile hat dieses Instrument aber auch als Wahlleistung oder normales Verfahren (bei Zahnersatz) Eingang in die GKV gefunden. Viele erhoffen sich von einer breiteren Anwendung der Kostenerstattung positive Effekte, u. a. mehr Transparenz über Art und Kosten für die Patienten.

Damit wird der Patient jedoch in die Rolle des Kostenkontrolleurs gedrängt, die ihn völlig überfordert. Wenn schon der Staat und die Krankenkassen Probleme haben, für Kostentransparenz zu sorgen, wie soll das der Versicherte bewältigen? Wer ist schon in der Lage zu beurteilen, ob der Arzt wirklich die richtige Gebührenziffern für seine Leistungen notiert hat, von denen es in der Gebührenordnung für Privatpatienten (GOÄ) 6018, in dem für die GKV geltenden Einheitlichen Bewertungsmaßstab (EBM) sogar 7239 gibt? Woher soll außerdem ein Patient wissen, ob die vom Arzt in Rechnung gestellte Zusammenstellung der Leistungen überhaupt statthaft ist, wo es doch Gebührenpositionen gibt, die nur einmal in einem bestimmten Zeitraum oder nicht in zeitlichem Zusammenhang mit anderen Positionen abgerechnet werden dürfen? Wer, außer Experten der Krankenkassen und Kassenärztlichen Vereinigungen, weiß, was sich hinter der »Ordinationsgebühr« oder einer »Konsiliarpauschale« verbirgt?[1]

Hinzu kommt noch ein weiterer in verschiedenen Untersuchungen bestätigter Effekt. Mangels anderer Maßstäbe halten Patienten eher die Leistung für die beste, die am teuersten ist. Die herrschenden Gebührenordnungen wirken da sogar noch verstärkend, da es sich bei den einzelnen Gebühren um recht niedrige Beträge handelt und erst in der Summe die tatsächlichen Behandlungskosten sichtbar werden.

Interessant ist, daß die PKV immer mehr auf dem Wege ist, das bei ihr geltende Kostenerstattungsprinzip durch ein Quasi-Sachleistungsprinzip zu ersetzen. Die PKV-Versicherten werden zunehmend mit einer Chipkarte ausgestattet, die ihnen – wie bei der Chipkarte der GKV – die direkte Abrechnung mit den Ärzten erspart und dieses mühselige Geschäft ihrer Versicherung überläßt.

Aufwendige Beitragsrückzahlung

In verschiedenen Kassenarten der GKV wurde das Instrument der Beitragsrückzahlung zunächst modellhaft, nunmehr als Wahlleistung eingeführt. Bei Nicht-Inanspruchnahme von Leistungen wird maximal ein Monatsbeitrag erstattet. Die Modellversuche wurden wissenschaftlich begleitet, so daß über die Effekte der Beitragsrückzahlung gesicherte Ergebnisse vorliegen. Und die sehen wie folgt aus (Schmidt, Malin 1996):

---

1 Die »Ordinationsgebühr« ist eine Art Grundpauschale, die je Behandlungsfall gezahlt wird. Sie ist bei Rentnern in der Regel höher als bei den anderen Versicherten. Außerdem unterscheidet sie sich bei den einzelnen Fachdisziplinen. Die »Konsiliarpauschale« wird ebenfalls je Behandlungsfall gezahlt. Mit ihr werden u. a. Dokumentationen, Befundmitteilungen bzw. Arztbriefe oder Besprechungen der Untersuchungsergebnisse mit dem überweisenden Arzt abgegolten.

- Es gab keine meßbaren Veränderungen des Versichertenverhaltens und damit keine finanziellen Einsparungen. Weder ging die Anzahl von sog. Bagatell-Inanspruchnahmen zurück noch stieg der Anteil der Versicherten, die überhaupt keine oder nur in geringem Umfang Leistungen beanspruchten.
- Die Verwaltungskosten stiegen um umgerechnet 0,2 Beitragssatzpunkte.
- 36 % der Mitglieder dieser Kassen konnten in den fünf Jahren des Projektverlaufes mindestens in einem Jahr profitieren. Nur 4 % kamen in jedem Jahr in den Genuß der Beitragsrückzahlung.
- Unter den Nutznießern befinden sich in erster Linie gutverdienende, alleinstehende und jüngere Männer, äußerst selten Mitglieder mit Familie, Geringverdiener, ältere und weibliche Versicherte.

Die Beitragsrückzahlung hat vor allem negative Effekte für die GKV, die zu einer Entsolidarisierung der Versicherten führen. Kosten werden dadurch in keiner Weise gespart. Im Gegenteil, es drohen höhere Beiträge durch den Verlust von Einnahmen von den Gutverdienenden, die auch nicht annähernd durch erhoffte, aber nicht eingetretene Verringerung von Leistungsausgaben kompensiert werden konnten. Die GKV lebt von einem solidarischen Ausgleich von Gesunden zu Kranken. Die Beitragsrückzahlung sägt an diesem ordnungspolitischen Eckpfeiler.

Literatur

Arbeitsgruppe Alternative Wirtschaftspolitik (1997): Memorandum '97: Beschäftigungspolitik und gerechte Einkommensverteilung gegen soziale Zerstörung, Köln

Becker, N.; Wahrendorf, J. (1997): Krebsatlas der Bundesrepublik Deutschland, Berlin

Benzeval, M.; Judge, K.; Whitehead, M. (1995): Tackling Inequalities in Health. An agenda for action, London

Berg, H. (1986): Bilanz der Kostendämpfungspolitik im Gesundheitswesen 1977–1984, St. Augustin

Birnbaum, N. (1997): Siegt die Marktorthodoxie, stirbt die Demokratie, in: Blätter für deutsche und internationale Politik, 42. Jg., S. 1443–1456

Borgers, D. (1997): Gibt es eine Epidemie chronischer Krankheiten?, Bremen (unveröffentlichtes Manuskript)

Braun, B.; Helmert, U. (1998): Die langjährige Inanspruchnahme verschiedener gesundheitlicher Leistungen im Spiegel verschiedener Datenquellen einer gesetzlichen Krankenkasse, Bremen (unveröffentlichtes Arbeitspapier)

Braun, J.; Kettler, U.; Becker, I. (1996): Selbsthilfe und Selbsthilfeunterstützung in der Bundesrepublik Deutschland, Köln/Leipzig

Brook, R. H.; Lohr, K. N.: Will we need to ration effective care?, in: Issues in Science and Technology, Fall 1986, p. 68–79

Daten des Gesundheitswesens (1997), hrsg. v. Bundesministerium für Gesundheit, Ausgabe 1997, Baden-Baden

Detsky, A. S. , (1995): Regional variation in medical care, New England Journal of Medicine, 333, 589–90

Dornier GmbH (u. v. a.) (1990): Arzneimitteltransparenz und Arzneimittelberatung am Beispiel der Region Dortmund, BMA-Forschungsbericht 198, Bonn

Downs, A. (1965), Ökonomische Theorie der Demokratie, Tübingen

Eberle, G.; Thimmel, R.; Vetter, Chr. (1996): Krankheitsbedingte Fehlzeiten in der Metall- und Elektroindustrie. Eine Analyse der Arbeitsunfähigkeitsdaten der AOK-Mitglieder, Bonn

Ehrenberg, H. (1996): Fakten und Legenden um die Abgabenbelastung der deutschen Wirtschaft. In: Sozialer Fortschritt, Jg. 45, Heft 6, S. 139–141

Ehrenberg, H. (1997): Die große Standortlüge, Bonn

Eucken, W. (1959): Grundlagen der Nationalökonomie, 7. Aufl., Berlin–Göttingen–Heidelberg

Evans, R. G. (1996): The market and the state: what are their responsive roles in the regulation of health care systems?, Vortrag auf dem 9. Kongress der International Association of Health Policy, Montreal, Canada v. 13.–16. 6. 1996

Evans, R. G. (1990), Tension, Compression, and Shear: Directions, Stresses, and Outcomes of Health Care Cost Control, Journal of Health Politics, 15, p. 101–128

Ferber, L. v. (1988): Die ambulante ärztliche Versorgung im Spiegel der Verwaltungsdaten einer Ortskrankenkasse, Stuttgart

Flassbeck, H. (1996): Europäische Beschäftigungschancen. In: Bundesarbeitsblatt, Heft 1, S. 5–8

Galbraith, J. K. (1995): A journey through economic time. Boston

Geißler, U. (1980): Erfahrungen mit der Selbstbeteiligung in der gesetzlichen Krankenversicherung. In: Internationale Gesellschaft für Gesundheitsökonomie (Hg.): Selbstbeteiligung im Gesundheitswesen, Stuttgart

Gensch, R. (1997): Notiz zum Projekt PAULA und seiner Interpretation (unveröffentlichte Notiz) s. Borgers + Braun u. a.

Glennerster, H. / Matsaganis, M. (1994), The English and Swedish health care reform, in: International Journal of Health Services, vol. 24 , p. 231–251

Grobe, T. G., Dörning, H. (1997): Längsschnittanalysen der GEK-Versichertendaten im Rahmen der Gesundheitsforschung – Hauptberichtsteil, Hannover (ISEG-Papier)

Grunow, D. (1988): Selbsthilfe im Gesundheitswesen, in: Chr. v. Ferber (Hg.): Gesundheitsselbsthilfe, München

Haan, M.; Kaplan, G.; Camacho, T. (1987): Poverty and Health: Prospective Evidence from the Alameda County Study, in: American Journal of Epidemiology, Jahrgang 125, Heft 6, p. 989–998

Hauptstelle gegen Suchtgefahren (Hg.) (1996): Jahrbuch der Hauptstelle gegen Suchtgefahren 1996, Hamm

Hein, R. (1996): Ergebnisse des Modellversuches PAULA, in: Krankenversicherung, Heft 2, S. 50–53

Heise, A. (1995): Der Standort Deutschland im globalen Wettbewerb. In: WSI-Mitteilungen, Jg. 48, Heft 11, S. 691–698

Helmert, U.; Shea, A. (1998): Poverty and health in West Germany, in: Sozial- und Präventivmedizin (im Druck)

Herder-Dorneich, P. (1981): Die Entwicklungsphasen der sozialen Marktwirtschaft und der Paradigmenwechsel in der Ordnungstheorie. In: O. Issing (Hg.): Zukunftsprobleme der sozialen Marktwirtschaft. Schriften des Vereins für Socialpolitik N. F. Bd. 116, Berlin

Hofmann, C. F. (1996): Deutsche Wettbewerbsvorteile. In: Bundesarbeitsblatt, Heft 11, S. 5–11

House, J. S./Kessler, R. C./Herzog, A. R. et al. (1990): Age, Socioeconomic Status, and Health, The Milbank Quarterly, 68, p. 383–402

Huffschmid, J. (1994): Krise und Krisenrhetorik: die wahren Stärken und Schwächen des Wirtschaftsstandorts Deutschland. In: Blätter für deutsche und internationale Politik, Jg. 39, Heft 3, S. 281–296

Jahrbuch Sucht '97 (1996) Hamm

Kettler, U.; Ferber, Chr. v. (1997): Selbsthilfeförderung: Ein wirkungsvoller Beitrag zur Reform des Sozial- und Gesundheitswesens, in: Sozialer Fortschritt, Heft 9–10, S. 226–230

Kirsch, W. u. a. (1994): Untersuchung zur Umsetzung des §20 SGB V durch die Krankenkassen. Gutachten für den BMG (vervielfältigtes Manuskript), Berlin

Klosterhuis, H.; Müller-Fahrnow, W. (1994): Sozialschicht und Sterblichkeit bei männlichen Angestellten aus den alten Bundesländern, in: Mielck (Hrsg.) (1994): S. 319–330

Krankenversicherungs-Budget. Vorgelegt von Staatsminister Dr. Heinrich Geißler (1974), Mainz

Küchle, H. (1996): Deutschlands Position auf dem Weltmarkt. In: WSI-Mitteilungen, Jg. 49, Heft 5, S. 295–303

Kühn, H. (1976): Statistische Überlegungen zur Kostenentwicklung des Gesundheitswesens, in: Jahrbuch für kritische Medizin, Bd. 1, Berlin

Kühn, H. (1980): Politisch-ökonomische Entwicklungsbedingungen des Gesundheitswesens, Königstein/Ts

Kühn, H. (1991): Rationierung im Gesundheitswesen: Politische Ökonomie einer internationalen Ethikdebatte, Berlin (Veröffentlichungsreihe des Wissenschaftszentrum Berlin)

Kühn, H. (1993): Gesundheitspolitik in der ›alternden Gesellschaft‹, in: Wechselwirkung, Ztschr. f. Technik, Naturwissenschaft, Gesellschaft, Jg. 15, Nr. 62, S. 21–25

Kühn, H. (1993): Healthismus: Eine Analyse der Präventionspolitik und Gesundheitsförderung in den USA, Berlin

Kühn, H. (1995): Wettbewerb im Gesundheitswesen: Neun Thesen zu den Folgen für die medizinische Versorgung, in: Dr. med. Mabuse, Zeitschrift im Gesundheitswesen, Jg. 20, Nr. 94, S. 38–41

Kühn, H. (1995): Zwanzig Jahre ›Kostenexplosion‹: Anmerkungen zu einer Makroökonomie der Gesundheitsreform, in: Jahrbuch für kritische Medizin, Bd. 24, Hamburg, S. 145–161

Kühn, H. (1997): Gesundheitspolitik für den »Standort Deutschland«: Thesen zur Logik und Empirie neoliberaler Wirtschaftspolitik im Gesundheitswesen, in: Jahrbuch für kritische Medizin, Bd. 28, Hamburg

Leiter, J. (1997): Produktivität im Gesundheitswesen: Deutschland mit Nachholbedarf, in: Arnold, M.; Paffrath, D. (Hrsg.) (1997): Krankenhausreport '97. Schwerpunkt: Sektorübergreifende Versorgung, Stuttgart u. a., S. 73–98

MAGS (Hg.) (1995): GKV 2000. Einstellungen zu Reformplänen der gesetzlichen Krankenversicherung. Eine Repräsentativbefragung der Bevölkerung Nordrhein-Westfalens, Düsseldorf

Marmot, M. G.; Rose, G.; Shipley, M.; Hamilton, P. S. (1978): Employment grade and coronary heart disease in British civil servants, in: Journal of Epidemiology and Community Health, No. 3, p. 244–249

McKeown, T. (1982): Die Bedeutung der Medizin. Traum, Trugbild oder Nemesis, Frankfurt a. M.

McKinley, J. B./ McKinley, S. M./ Beaglehole, R. (1989): A Review of the Evidence Concerning the Impact of Medical Measures on recent Mortality and Morbidity in the United States, International Journal of Health Services, 19, p. 181–208

Mielck, A. (Hg.) (1994): Krankheit und soziale Ungleichheit. Sozialepidemiologische Forschungen in Deutschland, Opladen

Mielck, A.; Helmert, U. (1994): Krankheit und Soziale Ungleichheit: Empirische Studien in West-Deutschland, in: Mielck, A. (Hg.) (1994): Krankheit und soziale Ungleichheit. Sozialepidemiologische Forschungen in Deutschland, Opladen, S. 93–124

Mielck, A.; Helmert, U. (o. J.): Soziale Ungleichheit und Gesundheit, Beitrag für Hurrelmann K.; Laaser, U. (Hg.): Handbuch Gesundheitswissenschaften (erscheint demnächst) (zitiert nach dem Manuskript)

Multiple Risk Factor Intervention Trial Research Group (MRFIT) (1982): Multiple Risk Factor Intervention Trial. Risk Factor Changes and Mortality Results, in: Journal of the American Medical Association (JAMA), Vol. 248, No 12, p. 1465–1477

Newhouse, J. P. et al. (1983): Some Interim Results from a Controlled Trial of Cost sharing in Health Insurance, in: Henke, K.-D. / Reinhardt, U. E. (Hg.): Steuerung im Gesundheitswesen, Gerlingen, S. 123–148

Newhouse, J. P. et al. (1987): The Findings of the Rand Health Insurance Experiment – A Response to Welch et al., in: Medical Care, Vol. 25, No. 2, S. 157–179

Nolte, E.; Laaser, U.; Bardehle, D.; Annuß, R. (1997): Die gesundheitliche Lage der Bevölkerung in Nordrhein-Westfalen fünf Jahre vor der Zielstellung der WGO: Gesundheit für alle im Jahr 2000, in: Bundesgesundheitsblatt Heft 9, S. 322–331

o.V. (1996): Begutachtung der Arbeitsunfähigkeit – Projekt »PAULA« des Medizinischen Dienstes, in: Soziale Selbstverwaltung, Heft 5, S. 33–35

Olson, M. (1968): Die Logik des kollektiven Handelns, Tübingen

Pauly, M. V. (1971): Medical Care at Public Expense. A Study in Applied Welfare Economics, New York–Washington–London

Pfaff, A. B. (1994a): Finanzierung der GKV zwischen Äquivalenzprinzip und sozialem Ausgleich – Perspektiven und Modellrechnungen für die nächsten Jahre, in: IKK-Bundesverband (1994): 3. IKK-Forum Soziale Krankenversicherung: Erfolgs- oder Auslaufmodell?, Bergisch Gladbach

Pfaff, A. B.; Busch, S.; Rindsfüßer, Chr. (1994): Kostendämpfung in der Gesetzlichen Krankenversicherung. Auswirkungen der Reformgesetzgebung 1989 und 1993 auf die Versicherten, Frankfurt a. M./New York

PKV (Verband der privaten Krankenversicherung) (1993): Die private Krankenversicherung – Zahlenbericht 1992/93, Köln

PKV (Verband der privaten Krankenversicherung) (1997): Pressemitteilung vom 14. 5. 1997

Rau, F. (1992): Selbstbeteiligungsregelungen im Gesundheitswesen. Empirische Wirkungsanalysen im internationalen Vergleich, Konstanz

Rosenbrock, R. (1993): Gesundheitspolitik, in: Hurrelmann, K./ Laaser, U., Gesundheitswissenschaften: Handbuch für Lehre, Forschung und Praxis, Weinheim/Basel, S. 317–346

Sachverständigenrat für die Konzertierte Aktion im Gesundheitswesen (1995): Gesundheitsversorgung und Krankenversicherung 2000, Baden-Baden

Sachverständigenrat für die Konzertierte Aktion im Gesundheitswesen (1987): Jahresgutachten 1987. Medizinische und ökonomische Orientierung, Baden-Baden

Sachverständigenrat für die Konzertierte Aktion im Gesundheitswesen (1994): Gesundheitsversorgung und Krankenversicherung 2000. Eigenverantwortung, Subsidiarität und Solidarität bei sich verändernden Rahmenbedingungen, Baden-Baden

Sachverständigenrat für die Konzertierte Aktion im Gesundheitswesen (1994): Sachstandsbericht 1994: Gesundheitsversorgung und Krankenversicherung 2000, Eigenverantwortung, Subsidiarität und Solidarität bei sich verändernden Rahmenbedingungen, Baden-Baden

Sachverständigenrat für die Konzertierte Aktion im Gesundheitswesen (SVR-KAiG) (1996): Sondergutachten 1996: Gesundheitswesen in Deutschland – Kostenfaktor und Zukunftsbranche, Band 1: Demographie, Morbidität, Wirtschaftlichkeitsreserven und Beschäftigung. Baden-Baden

Saltman, R. B./ von Otter, C. (1992): Planned markets and public competition, Buckingham, Philadelphia

Saul, J. R. (1995): The Unconscious Civilization, Concort/Ontario

Schaefer, H. (1973): Die Zukunft des Gesundheitswesens, in: Aufgabe Zukunft. Qualität des Lebens, Bd. 5, Frankfurt a. M.

Schäfer, C. (1996): Mit falschen Verteilungs-»Götzen« zu echten Standortproblemen – Zur Entwicklung der Verteilung in 1995 und den Vorjahren. In: WSI-Mitteilungen, Jg. 49, Heft 10, S. 597–616

Schmidt, E. M.; Malin, E.-M. (1996): Beitragsrückzahlung in der GKV, in: Behrens, J.; Braun, B.; Morone, J.; Stone, D. (Hrsg.) (1993): Gesundheitssystementwicklung in den USA und Deutschland, Baden-Baden, S. 143–162

Schumpeter, J. A. (1950): Kapitalismus, Sozialismus, Demokratie, München

Schwartz, F. W.; Busse, R. (1994): Fünf Mythen zur Effizienzsteigerung im Gesundheitswesen: Zur aktuellen gesundheitspolitischen Diskussion in Deutschland, Jahrbuch für kritische Medizin, Bd. 23: Gesundheitskult und Krankheitswirklichkeit, Hamburg, S. 149–170

Scitovsky, A. A. (1989): Medical Care in the Last Twelve Months of Life: The Relation between Age, Functional Status, and Medical Expenditures, in: The Milbank Quarterly, Vol. 66, No. 4, p. 640–660

Skarabis, H.; Tiemann, F. (1988): Epidemiologische Analyse der Gruppe der Versicherten, die ohne vorherige Rehabilitationsmaßnahmen frühberentet wurden oder im erwerbstätigen Alter verstorben sind, Berlin

Sozialenquete 1966: Soziale Sicherung in der Bundesrepublik

Deutschland. Bericht der Sozialenquete-Kommission, Stuttgart–Berlin–Köln–Mainz

Troschke, J. von (1981): Selbstbehandlung und Selbstmedikation medizinischer Laien, BMA-Forschungsbericht Nr. 67, Bonn

U.S. Congress, Office of Technology Assessment (1995): Health Care Technology and Its Assessment in eight Countries, Washington, D. C.

VdAK (1997): Übersicht zur gesetzlich induzierten Belastung der GKV-Finanzen und Sparpotential in kritischen Leistungsbereichen, Siegburg (unveröffentlichte Tabellenübersicht)

von Ferber, C. (1985): Kassen und Prävention: Handlungsbereitschaft, Handlungsvermögen und Chancen. In: R. Rosenbrock / F. Hauß (Hg.): Krankenkassen und Prävention, Berlin

Wennberg, J. E. (1990): Outcomes Research, Cost Containment, and the Fear of Health Care Rationing, in: New England Journal of Medicine, Vol. 323, No.17, p. 1203

WSI-Projektgruppe Prognose (1996): Die wirtschaftliche Entwicklung in Deutschland in den Jahren 1996/1997. In: WSI-Mitteilungen, Jg. 49, Heft 11, S. 669–682

Zweifel, P. (1997): Das Sisyphus-Syndrom im Gesundheitswesen, in: Merke, K. (Hg.), Umbau oder Abbau im Gesundheitswesen?, Berlin

Verzeichnis der verwendeten Abkürzungen

AOK	Allgemeine Ortskrankenkasse
AU	Arbeitsunfähigkeit
Bema	Bewertungsmaßstab für zahnärztliche Leistungen
BfA	Bundesversicherungsanstalt für Angestellte
BIP	Bruttoinlandsprodukt
BKK	Betriebskrankenkasse
BMG	Bundesministerium für Gesundheit
BMWi	Bundesministerium für Wirtschaft
BPflVO	Bundespflegesatzverordnung
BSP	Bruttosozialprodukt
DAK	Deutsche Angestellten Krankenkasse
DGB	Deutscher Gewerkschaftsbund
DIW	Deutsches Institut für Wirtschaftsforschung
DKV	Deutsche Krankenversicherung
EBM	Einheitlicher Bewertungsmaßstab (für Kassenärzte)
FAZ	Frankfurter Allgemeine Zeitung
GEK	Schwäbisch-Gmünder Ersatzkasse
GKV	Gesetzliche Krankenversicherung
GOÄ	Gebührenordnung Ärzte
GOZ	Gebührenordnung Zahnärzte
GRG	Gesundheits-Reformgesetz (1989)
GRV	Gesetzliche Rentenversicherung
GSG	Gesundheitsstrukturgesetz (1993)
HNO-Arzt	Hals-Nasen-Ohren-Arzt
HVM	Honorarverteilungsmaßstab
IKK	Innungskrankenkasse
KAiG	Konzertierte Aktion im Gesundheitswesen

KBV	Kassenärztliche Bundesvereinigung
KHG	Krankenhausfinanzierungsgesetz
KHK	Koronare Herzkrankheiten
KV	Kassenärztliche Vereinigung
KVdR	Krankenversicherung der Rentner
KZBV	Kassenzahnärztliche Bundesvereinigung
KZV	Kassenzahnärztliche Vereinigung
LStK	Lohnstückkosten
MDK	Medizinischer Dienst der Krankenkassen
1./2. NOG	1./2. GKV-Neuordnungsgesetz (1997)
OECD	Organisation für wirtschaftliche Zusammenarbeit und Entwicklung
PKV	Private Krankenversicherung
RSA	Risikostrukturausgleich
SGB	Sozialgesetzbuch
SGB V	Sozialgesetzbuch Fünftes Buch, Gesetzliche Krankenversicherung
SOEP	Sozialökonomischer Panel
SVR	Sachverständigenrat
SZ	Süddeutsche Zeitung
TK	Techniker-Krankenkasse
VdAK	Verband der Angestellten-Ersatzkassen
WIdO	Wissenschaftliches Institut der Ortskrankenkassen
WSI	Wirtschafts- und Sozialwissenschaftliches Institut des DGB
ZI	Zentralinstitut der Kassenärztlichen Bundesvereinigung

ANZEIGE